La historia insólita
de un ultramaratonista

DEL OTRO LADO DE LA PARED

Mario Reynoso

Del otro lado de la pared
© Mario Reynoso

© Rebeca Dávila, diseño de portada
© iStockphoto, imagen de portada

D.R. © Selector S.A. de C.V. 2016
Doctor Erazo 120, Col. Doctores,
C.P. 06720, México D.F.

ISBN: 978-607-453-407-8
Primera edición: agosto 2016

Características tipográficas aseguradas conforme a la ley. Prohibida la reproducción parcial o total mediante cualquier método conocido o por conocer, mecánico o electrónico, sin la autorización de los editores.

Impreso en México
Printed in Mexico

Todo lo que está narrado aquí es cierto, es la verdad como yo la recuerdo o como la cuentan quienes participaron en la historia. Todas las personas que menciono existen, sólo cambié algunos nombres, también omití a algunas personas y detalles cuando esto no afectaba al relato, y modifiqué el orden de algunos acontecimientos para facilitar la comprensión del texto.

Gracias por todo lo que me has enseñado, estoy feliz haciendo lo único que puedo hacer, mira Ma.

ÍNDICE

Prólogo   11

1   El cañón de las maravillas   17

2   La tienda de avenida San Antonio   31

3   Lo demás no existe   39

4   La bajada del podólogo   47

5   Burrito, donkey   55

6   Empezando la búsqueda   63

7   Los cinco costales de maíz, a terminar   73

8   ¿Y ahora cuál es la siguiente?   77

9   Cien kilómetros, el futuro no existe   89

10   Western States, cien millas es posible   105

11   Me ganó la ansiedad   109

12   Leadville, el monstruo   121

13   La montaña me vació   125

14   No todo es lo que parece   131

15   No acabar no existe   137

16   Entrenamiento nocturno   145

17   Encontrando motivos   153

18   Leadville, el verdadero reto   159

19   Me sigue faltando algo   167

20   La noche de Huntsville   173

    Epílogo   187

PRÓLOGO

No estaba aceptando la realidad, cada vez era peor para mí; llevaba más de veinte horas sin parar, había corrido ese día ciento cuarenta y cinco kilómetros y ahora estaba caminando enojado. Tenía mucho sueño, esa sensación no me dejaba pensar en otra cosa más que en dormir, era como estar en la clase más aburrida de la universidad, desvelado y sentado en primera fila con el profesor viéndome; ahora, en lugar de estar sentado en mi banca en el salón de clases, estaba al aire libre, en la madrugada.

La temperatura había bajado en poco tiempo de veinte a cero grados centígrados. Caía aguanieve, la humedad hacía que el frío se sintiera en la piel pero también dentro del cuerpo. No contaba con ropa suficiente para soportar esas condiciones del clima; no llevaba chamarra, sólo traía puesta una camisa de manga larga, por lo menos tenía tapadas las orejas, igual que el resto de la cabeza, con un gorro de lana; sin embargo, sentía como si se me fuera a caer la nariz porque estaba congelada como los dedos de mis manos, además me incomodaban las ampollas que tenía en los dedos y en las plantas de los pies. Quince kilómetros antes pasé por el puesto en donde estaba el doctor de la carrera y me detuve para que las curara, me sacó el agua y vendó mis pies. Antes de eso el dolor era insoportable, se sentía como pisar navajas.

Me dolían las piernas cada vez que daba un paso, eso normalmente se siente al otro día del maratón con el ácido láctico atrapado en el músculo, un dolor parecido a cuando por un golpe no se puede mover la pierna y se siente dormida. Estaba muy enojado peleando contra el camino; me tropezaba con las raíces de los árboles porque ya no veía bien. Después de haber estado expuesto a la luz del sol durante todo el día, los ojos no se acostumbran a la noche, la lámpara que llevas en la frente te ayuda sólo un poco. Me quejaba de las subidas cuando el dolor era más fuerte, también luchaba contra mí. Yo había decidido hacer esa carrera, pero "¿para qué?, ¿qué estaba haciendo ahí?, ¿qué quería demostrar?". Todo el tiempo estaba reclamándome.

Ya no confiaba en mi comprensión de lo que pasaba, no estaba seguro de lo que sentía o de lo que veía, no sabía si tenía frío porque estaba cansado o si en realidad había bajado tanto la temperatura. Ale, mi esposa, estaba conmigo, llevaba tres horas acompañándome. "¿Alita, tú tienes frío?", le pregunté. "Sí, mucho", contestó. Pensé en Ale, "¿por qué ella iba a tener que sufrir ahí?" En ese momento ya había cambiado mi actitud, me di cuenta de que realmente no había ningún problema, nada más estaba caminando en el bosque y quejándome no iba a llegar a ningún lado. Estaba ahí, me faltaban quince kilómetros para acabar la carrera; si quería llegar a la meta tenía que moverme, pero ya no sentía la presión ni las ganas de terminarla, en ese momento estaba bien. Lo acepté todo por completo, dejé de luchar y me rendí, decidí no caminar más y empecé a correr otra vez, pero ¿cómo fue que llegué a eso?

Unos días antes de esa carrera fui con una de mis hijas al bosque del Desierto de los Leones, en la Ciudad de México; era domingo, estaba amaneciendo y mientras bajaba del coche, ella salió corriendo por una subida. Tardé menos de un minuto en lo que guardé las llaves y me abroché las agujetas para ir tras ella.

Pía llevaba los tenis y la ropa que usaba para ir a cualquier lugar, es decir, no traía nada especial para correr, tampoco se estaba midiendo el pulso ni entrenando para alguna carrera, simplemente estaba ahí, en el bosque. Ella tenía cinco años y cuando la alcancé, sin preguntarle nada, me dijo sonriendo con su vocecita aguda:

—Papá, qué bueno que vinimos a correr porque quería sentirme… ¡libre!

Ella corre para sentirse libre y tal vez para estar un rato conmigo, así de simple. Disfruta el momento presente aquí y en su vida en general también; no hace ningún esfuerzo porque cuando se cansa busca un lugar que le gusta, se sienta, dice que es una princesa y que ese lugar es su trono. No se presiona por el tiempo y cuando ve un árbol que le llame la atención se detiene, me lo enseña, se queda observándolo hasta que ya no hay nada más que verle y sigue. Ella juega. Si se encuentra una rama en el piso la recoge y dice que es su bastón, camina apoyándose en él, luego lo convierte en una espada y me persigue con ella. Casi todo el tiempo se está riendo, y cuando se aburre me dice que ya se quiere ir.

¿En qué momento dejé de correr o de vivir como Pía? ¿Para qué dejé de hacerlo? ¿Qué empecé a buscar? Es difícil saber qué queremos cuando dejamos de correr por gusto y empezamos a hacerlo por una necesidad que viene de nuestro interior. Es una búsqueda que para unos termina pronto, quizá en un maratón y, a veces, ni siquiera eso es necesario. A mí me ha llevado a hacer carreras en las que parece que estoy tratando de llegar al límite de mi capacidad física y mental, y a otros los ha llevado más lejos, a participar en competencias que yo todavía no he necesitado y me canso nada más de pensar en ellas. Suena raro que alguien disfrute correr después de muchas horas con los pies llenos de ampollas o en climas extremosos sin dormir, pero lo hacemos. Esas distancias no nos hacen sentir bien físicamente pero satisfacemos otras necesidades.

En estas competencias largas son pocos los que corren para ganar. Como en cualquier deporte hay atletas admirables que se disputan los primeros lugares en cada carrera, pero la mayoría de quienes participamos, somos gente común que por alguna razón tuvimos que correr más lejos, nada más. En mi caso, empecé por probarme, quería ver si era capaz y cada vez que lo lograba me daba cuenta de que podemos hacer cosas increíbles que no hubiéramos imaginado hasta que lo intentamos. Después lo hice para alimentar mi ego, según yo para diferenciarme de los demás y obtener el reconocimiento de las personas; más tarde me pasó que cuanto mayor era la distancia menos significado tenían para mí la meta y el reconocimiento, aunque lo seguí haciendo porque después de muchas horas empecé a descubrir lugares a los que sólo he llegado corriendo. No hablo de la parte más alta de la montaña donde se puede ver el amanecer con el Sol saliendo atrás de los volcanes, ni del bosque que tiene tantos árboles que mientras corres a través de él no puedes ver la luz, ni del puente de madera que cruza el río muy cerca de la ciudad y que está en un lugar al que los coches no pueden llegar; me refiero a esos lugares que están dentro de nosotros, a los que llegamos cuando el cansancio es tan grande que ya no podemos controlar los pensamientos y entonces la mente ya no nos domina; es ahí donde vemos en realidad lo que no somos, descubrimos cuáles son los límites que cada uno se puso y las cosas que de verdad son importantes para entonces entender la vida un poco más. Muchas veces me han dicho que corro porque estoy huyendo de algo, que es un escape, y sí, lo llegué a pensar, pero hoy estoy convencido de que lo hago no por alejarme, sino por buscar.

Mi nombre es Mario, necesito correr y esta es la historia que les quiero platicar.

CAPÍTULO 1
EL CAÑÓN DE LAS MARAVILLAS

Voy en el asiento que está junto a la ventana, siempre me ha gustado este. Me siento lo más abajo que puedo, casi recargado sobre la espalda. Llevo puesta una sudadera que tiene gorro, es muy caliente y tengo las manos dentro de las bolsas. Me asomo por la ventana y veo el campo del invierno en Chihuahua, el Sol apenas está saliendo y ya tengo hambre ¿o serán nervios?, no lo sé. Ale está sentada junto a mí, leyendo *Nacidos para correr*; este libro nos explica, entre otras cosas, por qué los seres humanos somos los mamíferos más aptos para correr largas distancias, nos habla de la Sierra Tarahumara y de la vida tan discreta que viven ahí sus increíbles atletas, quienes nunca han olvidado que correr es parte de nuestra esencia. En teoría ese libro es la razón por la que vinimos, lo leí y decidí participar en esta carrera, es un ultramaratón de ochenta kilómetros en la Sierra Tarahumara. La verdad, no me he dado cuenta todavía pero realmente estoy aquí por dos cosas que nada tienen que ver con el libro: la primera pasó hace casi veinte años cuando estaba terminando la prepa, un martes decidí salir a correr no sé para qué y también sin saberlo inicié una búsqueda que hoy me trae aquí, a la Sierra; la otra pasó hace mucho más tiempo, es más, ni siquiera me acuerdo, pero lo sé porque he vivido con eso casi toda mi vida, fue el día que dije o entendí por primera vez la palabra *yo*.

Este tren sale todos los días desde Chihuahua, cruza gran parte del norte de México a través de la Sierra Madre y hace varias paradas hasta llegar a los Mochis quince horas después. Es un tren pequeño, según el día tiene dos o tres vagones, es muy cómodo y la comida muy buena. En cada vagón había un policía armado. «Ya está abierto el comedor, por si quieren pasar», nos dijo un señor vestido de uniforme.

A las siete de la mañana estábamos desayunando, el señor de la mesa de junto se tomó un tequila y dos cervezas; el mesero nos dijo que también él iba a la carrera. Era Rubén, su hijo lo había inscrito y le compró una tienda de campaña para que durmiera ahí. «Pero no la sé armar, yo creo que hoy sólo me voy a tapar con ella y ya mañana veo cómo la armo», nos dijo. «Prohibido que lo invites al cuarto», me advirtió Ale sin que oyera Rubén. Íbamos al fin del mundo, después de nueve horas en este tren llegaríamos al pueblo de Bahuichivo y de ahí una camioneta nos llevaría por una brecha de tierra hasta Urique, el lugar donde sería la carrera dentro de cuatro días. Nosotros teníamos reservación en un hotel que yo hice dos meses antes y que fue más o menos así:

—Hotel Estrella del Río.

—Quiero hacer una reservación para la carrera: cinco noches, dos personas. Soy Mario.

—Muy bien, ya está.

—¿Quién habla?

—José Quintana.

—Ok.

Eso era todo lo que sabía.

Se fueron Ale y Rubén. Me quedé tomando un café y viendo por la ventana; me acordé de que fue mi papá el primero que me habló de los tarahumaras. Me decía que eran personas que podían correr durante días y que algunas veces los habían llevado a competir en maratones de otros países sin éxito; no corrían rápido o no se enteraban que se trataba de ganarles a los demás, pero al terminar el maratón cruzaban la meta frescos, «¿Cómo que ya se acabó?» Hay historias de tarahumaras que han corrido cientos de kilómetros sin parar, y en la sierra dicen que hay que tener cuidado al pedirle referencias a alguno de ellos para ir a un lugar porque cuando te señalan el camino y te dicen: «Es ahí adelante», puede ser una caminata de seis o siete horas.

A mediados de los años noventa, durante la carrera de cien millas (ciento sesenta kilómetros) de Leadville, un gringo llevó a la carrera a algunos de los mejores corredores tarahumaras del momento. Leadville es una de las carreras más famosas (o menos desconocidas) de ultramaratón en Estados Unidos, por lo tanto también estaban ahí algunos de los mejores corredores de ese país.

En la parte final de las carreras de ultramaratón alguna persona puede acompañar al corredor, a este individuo se le da el nombre de *pacer* en inglés, en español la traducción sería: «el que pone el paso» o algo así, y se encarga de indicarle el camino al atleta durante los últimos kilómetros. Muchas veces ya es de noche o el corredor está demasiado cansado para encontrar la ruta que generalmente se marca con listones en los árboles y se puede perder; también le recuerda que tiene que comer y tomar agua, y sobre todo lo acompaña haciéndole plática, muchas veces aguantando las quejas y groserías que dice debido al cansancio y al dolor.

Nos cuentan en *Nacidos para correr* que ese año en Leadville, durante la cena de la noche anterior a la carrera, una persona que se hacía llamar Shaggy se acercó a los tarahumaras para ofrecerles ser su *pacer* durante la segunda mitad de la carrera.

—¿Tú crees que puedes correr ochenta kilómetros con los tarahumaras? —le preguntó el gringo que los había llevado a la carrera.

—Pues no sé, pero si no soy yo, ¿quién más? —contestó Shaggy.

Al día siguiente, Juan Herrera, uno de los corredores tarahumaras llegó en primer lugar y no sólo rompió el récord de la carrera, sino que también fue el primer ganador de la historia de Leadville ya que al cruzar la meta pasó por abajo del listón en lugar de romperlo, un detalle que ejemplifica la humildad de estos increíbles atletas. Este corredor estuvo acompañado en las últimas cincuenta millas por Shaggy, quien después de cruzar la meta decidió seguir a su nuevo amigo hasta la Sierra Tarahumara donde con el tiempo se ganó el apodo de Caballo Blanco.

Unos diez años después, cuando Christopher McDougall llegó a la Sierra Tarahumara para conocer los secretos de estos súper atletas, mientras escribía su libro *Nacidos para correr* se enteró de Caballo Blanco, pero tardó días en encontrarlo; llegó a pensar que era un mito, que no existía y que los tarahumaras sólo le hablaban de él para distraerlo, hasta que un día lo encontró en un hotel y Caballo le platicó muchos de los secretos que había aprendido de los tarahumaras durante el tiempo que llevaba viviendo en la Sierra.

Los tarahumaras no habían querido regresar a Estados Unidos desde esa carrera en Leadville, entonces Caballo Blanco y Christopher decidieron hacer algo diferente: buscaron a Scott Jurek, el mejor ultramaratonista de Estados Unidos en ese momento y lo convencieron de ir a una carrera de ochenta kilómetros en la Sierra Tarahumara. Junto con Jurek viajaron unos cuantos ultramaratonistas más para correr con los tarahumaras, y es así como nació el Ultramaratón Caballo Blanco. Según el propio Caballo, el propósito de esta carrera es conservar la tradición de corredores que tienen los rarámuris (como se les llama a los tarahumaras en su propio idioma), además de ayudarlos económicamente. Me fascinó la historia, no sólo para platicarla o recomendar el libro, yo quería ir a correr esa carrera.

Poco antes de terminar el libro empecé a investigar, a tratar de contactar a Caballo Blanco, que seguía siendo un misterio; si encontrarlo estando en la Sierra era difícil, desde la Ciudad de México lo sería aún más. Yo ni siquiera sabía si esa carrera se había hecho una vez hacía cinco años, si se hacía cada año o cuándo sería la próxima. En algún lugar encontré una dirección de e-mail que se suponía que era de Caballo y le escribí; después de varios días yo estaba en una tienda un domingo en la tarde y me llegó su respuesta: «Me gustaría mucho que vinieras a la carrera el siguiente año, te mando el cuestionario de inscripción». ¡Caballo me contestó!, me emocioné mucho. Era como estar leyendo *Cien años de soledad* y recibir un e-mail del coronel Aureliano Buendía.

Llené el cuestionario al día siguiente; la última pregunta era: ¿Cuál es tu experiencia en carreras a campo traviesa? «Ninguna, pero entreno en las partes altas de la Ciudad de México a tres mil metros de altura y he hecho maratones», ¿qué otra cosa podía decir? Días después recibí el siguiente e-mail de Caballo: «Bienvenido al ultramaratón 2012, por favor haz tu donativo». En esta carrera no había un costo de inscripción, se hacía un donativo dependiendo de lo que cada quien considerara que era el valor de un evento así. Caballo decía: «Paga lo que quieras y cuando regreses a tu casa deposita lo que creas que valió esta experiencia. Todos los ingresos son utilizados para beneficio de los tarahumaras».

Terminé mi café, pagué la cuenta y regresé a mi lugar para alcanzar a Ale. La persona que nos iba a recoger en Bahuichivo me había dicho que Germán Silva, el mexicano que había ganado dos veces el Maratón de Nueva York, vendría en el tren porque también iba a participar en la carrera, aunque yo no lo había visto. Para Caballo Blanco era muy especial que un corredor de tanto prestigio como él asistiera a su evento. Germán sólo había participado en una competencia de montaña antes de esta; hacía exactamente un mes había roto el récord de una carrera de cincuenta kilómetros en la Ciudad de México, y Caballo nos lo presumió a todos en un correo electrónico. Germán era uno de los favoritos para ganar el domingo.

Antes de llegar a mi lugar, Ale me interceptó: «Ven, te voy a presentar a alguien». Y ahí estaba Germán Silva, ganador del Maratón de Nueva York en 1994 y 1995, el mismo que en parte me había inspirado a correr mi primer maratón en 1996, ¡increíble! En ese vagón también venía Steve, un militar de las fuerzas especiales del ejército inglés; se enteró de esta carrera igual que yo, leyendo el libro *Nacidos para correr*, y al verlo me ayudó mucho saber que había un corredor que pesaba más kilos que yo. Le dije que si para mí era una aventura este viaje, para él debía de ser lo más exótico que había hecho en su vida. «Bueno, yo estuve en la guerra de Afganistán», respondió, sin ser arrogante pero sin darme más detalles.

El tren hizo una parada de media hora en un lugar que se llama Divisadero, desde donde se pueden apreciar las Barrancas del Cobre, sin duda es uno de los sitios más impresionantes de México. Poco tiempo después hablé por teléfono con Toño Chi, mi entrenador, para que me diera sus últimos consejos.

—Vete entre el setenta y siete y el ochenta y cuatro por ciento de tu pulso —me dijo.

—¿Qué pasa si voy más lento? —le pregunté.

—No, pues eso…

Fin de la señal por los siguientes días.

Nueve horas después de salir de Chihuahua llegamos a Bahuichivo y ahí nos estaba esperando una persona con una camioneta para llevarnos a Urique; nos subimos varios corredores y dos periodistas noruegos que venían a conocer a Caballo Blanco y a cubrir la carrera. El clima de ese pueblo es de montaña, seco y fresco en esa época del año, pocas semanas antes todavía había nieve. Para llegar a Urique sigues una bajada por un camino de terracería que, como ya dije, dura más o menos tres horas y en el que desciendes cerca de dos mil metros para llegar al fondo del cañón donde el clima es totalmente diferente, y hay árboles de mango. La bajada es empinada y el camino angosto, siempre junto al precipicio. Durante el viaje hay bastante silencio y a veces algunas risas nerviosas, sobre todo cuando viene un coche de frente y hay que acercarse al abismo para dejarlo pasar. Llegamos a Urique y en la pared que está en la entrada del pueblo había un mural que decía: "8° Ultramaratón Internacional Caballo Blanco 2012", y una lista con los nombres de los ganadores de cada año: Jenn Shelton, Scott Jurek, Arnulfo Quimare, entre otros. ¡Llegamos a la carrera!

Urique está rodeado de montañas y, hay un río que pasa a lo largo del pueblo, y tiene una calle principal donde está todo: la clínica, el palacio municipal, el zapatero que también es el peluquero, el restaurante Plaza, la estación de policía y pocas cosas más. No hay señal de celular ni de internet, es un mundo aparte. Este lugar no tiene más de mil habitantes, pero esta semana increíblemente hay varios periodistas, un centenar de corredores de los cinco continentes y cientos de rarámuris de diferentes lugares de la Sierra para correr los ochenta kilómetros del Ultramaratón Caballo Blanco que Christopher McDougall describe en su libro *Nacidos para correr* como "la más increíble carrera jamás contada".

Ya se había metido el sol en Urique, estaba oscureciendo y nos estacionamos afuera del restaurante Plaza. La salida y la meta de la carrera son justo ahí y casi todo el evento era en torno a este restaurante. En ese momento acababan de llegar la mayoría de los corredores que, en lugar de haber arribado en una camioneta, habían bajado caminando hasta Urique durante ocho horas con Caballo Blanco. Esta caminata era parte del viaje, pero cuando hace unas semanas le pregunté si Ale podía venir conmigo a la carrera, me contestó: «Sí, Ale puede venir a todo menos a la caminata del miércoles, es muy pesada». Entramos al restaurante, que es una casa, para registrarnos y había mucho desorden. A la entrada está la sala, varios tarahumaras estaban ahí sentados en sillas alrededor de una mesa viendo cualquier cosa en la televisión; del lado izquierdo está la cocina y más adelante una puerta que lleva al patio trasero donde están las mesas para comer. Estaba lleno y se oían pláticas en varios idiomas; hay cuatro o cinco mesas grandes y puedes sentarte a comer en donde encuentres lugar; durante esa semana, en esas mesas, tienes la oportunidad de conocer y platicar con grandes corredores de todo el mundo.

En el fondo del restaurante había una mesa con muchas cosas encima y ahí vimos por primera vez a Caballo Blanco —alto, muy flaco, su piel era muy blanca y estaba desgastada por el sol, totalmente calvo y con los pómulos sumidos—. Cuentan que cuando los tarahumaras lo veían hace unos años, en la época en la que él acababa de llegar a la Sierra, pensaban que era un fantasma. No le gustaban las fotografías ni la fama. Llevaba unos meses comunicándome con él por correo y ahora lo tenía frente a mí. Caballo Blanco se había convertido en una leyenda y en un misterio, se sabían pocas cosas de su pasado y se contaban muchas historias de él. Estaba tratando de organizar el registro de los corredores y la entrega de playeras con la ayuda de su novia la Mariposa y de otras dos personas.

—Hola, soy Mario y ella es Ale, mi esposa —le dije.

—Ven acá, Mario, te voy a dar una playera y a ti también, Ale, sólo por estar aquí ya eres una *Más Loca*.

Caballo estaba feliz. Con el término *Más Loco* él se refería a los corredores de este ultramaratón; acabar la carrera o estar entrenando para hacerla te daba ese calificativo.

Conocí a Tita, la dueña del restaurante, y le pregunté por el hotel. Ella le dijo a su nieto de siete años: «Llévalos con tu abuelo». Ale y yo caminamos con él hasta el hotel que estaba como a dos cuadras y conocimos a don José.

—Abuelo, se quedan aquí.

—Está bien, el cuarto 3 —dijo don José.

Nunca me preguntó mi nombre, no sirvió la reservación que había hecho, pero teníamos un cuarto muy bueno.

Para conocer el recorrido de la carrera se hacen dos caminatas antes, así es que el jueves a las ocho de la mañana quedamos en vernos para hacer la primera de treinta kilómetros. Ale y yo llegamos cinco minutos tarde y ya se habían ido, empezamos a caminar rápido y en ese momento nos alcanzó Germán Silva. «Vámonos trotando para alcanzarlos», nos dijo. Era una locura, ¿estaba corriendo con Ale y Germán Silva en medio de la Sierra Tarahumara, tratando de alcanzar a Caballo Blanco? Pronto encontramos al grupo. Era un camino amplio de tierra junto a un río con subidas y bajadas con las primeras vistas del cañón desde abajo, y sentimos por primera vez el camino por el que correríamos el domingo.

Diez kilómetros después llegamos al puente colgante, cruzamos el río y empezó la subida al rancho Los Alisos. Es una subida de tierra impresionante en zigzag, con curvas de casi ciento ochenta grados con una inclinación que faltaba poco para meter las manos por lo empinada que era. Por fin llegamos al ranchito con árboles de toronjas; tres horas caminando desde que salimos, ¿trece kilómetros y medio en ese tiempo?, ¿cómo le voy a hacer para terminar ochenta? Empezó el regreso, corrimos un poco en la bajada para probar cómo se sentiría el domingo, si se podía correr bien. Llegamos hasta el puente y nadamos en el río, varios estaban platicando la posibilidad de volverse a meter durante la carrera. Cuando faltaban cinco kilómetros para llegar a Urique, Ale, yo y otros más, incluyendo a Caballo Blanco, conseguimos un *aventón* en una camioneta *pick-up*. Caballo y yo nos sentamos juntos hasta atrás y me dijo: «Siempre que pido aventón me arrepiento de no ir caminando». Le di mi botella de agua a Ale para poder detenerme con las dos manos, Caballo me comentó que esa subida por la que íbamos el día de la carrera parecería interminable, después trató de bajarse antes de llegar al pueblo, se cayó y rodó por la tierra (¡qué personaje!). Su novia la Mariposa nos dijo: «Siempre que pide aventón se baja antes de llegar al pueblo, no le gusta que lo vean en un coche». Fuimos al hotel a bañarnos y dormimos una siesta como hasta las cuatro de la tarde. Ale ya no se levantó sino hasta el otro día; habían sido cinco horas y media en las que estuvimos caminando bajo el sol.

Fui a cenar al restaurante Plaza y ahí conocí a Miriam, una croata que había corrido el mundial de veinticuatro horas y estaba un poco frustrada por no haber podido alcanzar los doscientos kilómetros; corrió ciento noventa y nueve y medio en veinticuatro horas. «Ok, ya entendí, esto es una carrera entre tarahumaras, súper atletas internacionales y yo», pensé. Cada vez que hablaba con un corredor como Miriam me preocupaba, pensaba que tenía que estar mucho mejor preparado de lo que estaba; nunca había participado en una carrera de montaña y mucho menos en un ultramaratón. Miriam se dio cuenta de que yo estaba nervioso y preocupado y me dijo entre italiano y español: «Te va a ir muy bien en la carrera, hazle como yo, piensa: *donkey*, soy un burrito, voy para adelante, no como, sólo tomo agua y Coca-cola. Sigue y sigue, y termina la carrera, disfrútala».

El viernes en la mañana nos vimos a las ocho para hacer la segunda vuelta de reconocimiento, esta vez iban con nosotros muchos tarahumaras o rarámuris, antes veíamos a uno o dos, ahora varios estaban presentes en la caminata con sus camisas de colores y sus huaraches; no hablan, no se quejan, nada más caminan. Subimos todo Guadalupe Coronado hasta ver a lo lejos la iglesia por la que pasaríamos el domingo en el kilómetro ocho y en el setenta y dos. El guía nos señaló una casa y nos dijo: «Ahí vive un perro muy bravo, antes de llegar agarren una piedra». Una emoción más para la carrera.

Cuando llegamos a Urique llevábamos más de cinco horas caminando otra vez, muchos decidieron no hacer la segunda caminata para descansar dos días completos, tal vez hubiera sido mejor, pero ya no había nada que hacer. Ese día cenamos con Anna y Duncan Orr, unos australianos recién casados que estaban haciendo un largo viaje por todo México. Duncan era soldado al igual que Steve, él y Anna iban a correr el domingo su primer ultramaratón. «Por fin alguien como yo.» A dormir.

El sábado me desperté preocupado, me dolían las piernas y tenía ampollas veinticuatro horas antes de la carrera, no tenía esa preocupación desde mi primer maratón en 1996. Me pregunté si podría o no, «¿qué se sentirá correr en el kilómetro sesenta?» Me habían dicho que hay un músculo entre la pierna y la cadera que no se siente en los maratones pero que después del kilómetro sesenta duele mucho. «¿Corrí lo suficiente? No hice pesas, ¿importará? ¿Caminé de más en estos días? ¿Soy como ellos? ¿Estoy mal por estar aquí? ¿Y si me preparo mejor y regreso el año que entra?» En ese momento empecé a tener dudas. La mente siempre tiene que estar fuerte, trataba de pensar positivo: «A tu paso, burrito, *donkey*. Sólo faltan ochenta kilómetros al principio. Toma agua y vas a estar bien. Entre el setenta y siete y el ochenta y cuatro por ciento de pulsaciones». Ese juego iba a durar todo el día.

Creo que la preocupación es buena para mí, me hace enfocarme, pensar en la carrera y poner atención, cuidar la comida y la hidratación. Es muy importante empezar lento, si tienes ganas de correr rápido guárdalas para el final. Comer y descansar, eso era todo lo que podía hacer ese día, y fuimos a desayunar con Tita. Urique estaba ahora lleno de tarahumaras, ya se sentía la carrera, en la plaza principal estaban ensayando para el *show* de la noche. Después de desayunar fuimos a dormir una siesta… no pude dormir. Ale me cortó el pelo, sentía menos calor, me sentía más fuerte. A las doce fuimos por los números, el juego seguía, ¿podré o no?

Caballo me dio mi playera: "Número 59 Mario Reynoso de México". Después nos fuimos al cuarto a escondernos del calor, a descansar las piernas y a tratar de dormir. Encontramos un alacrán en el cuarto, no me importó, Ale se preocupó porque según ella venían en pares, entonces apareció Duncan, el australiano que estaba en el cuarto de al lado: «Tenemos uno aquí también», y con eso todos se tranquilizaron. Ahora sí no podía dormir, estaba muy preocupado, «¿cuánto voy a sufrir mañana?, ¿qué hago aquí?» Trataba de dormir y oía a Ale platicar afuera con los vecinos, Duncan, Anna y Steve, quien tenía en su cuarto todo tipo de pastillas, *gadgets*, pomadas, cremas, etcétera. Estaban hablando de la carrera, salí del cuarto, Steve me dio pastillas de sal y me dijo viéndome a los ojos, como si se tratara de algo muy serio: «Una cada hora si no hace calor y dos cada hora si hace». Duncan me dio unas gomitas: «Cómete una cada hora», me dijo. En las caminatas me habían salido ampollas y eso te puede retirar de la carrera. Steve me dio algo como vaselina para los pies y una pomada en caso de rozarme. Anna dijo que estaba nerviosa. «A mí ni me volteen a ver», pensé.

En la tarde fuimos a la plaza de Urique, era la ceremonia de inauguración, la calle estaba llena de tarahumaras, bailes y políticos. Presentaron a los corredores de cada país, de cada estado de México y de cada comunidad tarahumara. No todos los cuatrocientos tarahumaras que vienen a la carrera viven en Urique, la mayoría viaja desde otras partes de la Sierra y Caballo Blanco se encarga de conseguirles transporte y hospedaje en un campamento. Nos despedimos de los demás atletas, nos veríamos en la carrera. Llegó el día, no había más. Fui con Ale a la tienda, compramos agua, Gatorade, suero y fruta. Llegamos al cuarto y me puse curitas en las ampollas de los talones; llené las botellas de agua e hicimos la maleta que tendríamos en el restaurante Plaza con Tylenol, curitas, una playera, fruta, vaselina y lo demás. Me acosté pero casi no dormí, empecé a sentir nervios, seguía el juego y para mal, pensaba más en negativo que en positivo. Hacía calor, afuera había una fiesta en el campamento tarahumara. Oí perros, vacas, cabras; puse mi despertador a las cinco de la mañana pero me desperté a las once, a la una, a la una y media, a las dos; di vueltas y a las cuatro y media me levanté.

CAPÍTULO 2
LA TIENDA DE AVENIDA SAN ANTONIO

Unas semanas después de haberme inscrito a la carrera de Caballo Blanco llegué ahí. El lugar era una fachada de vidrio, la puerta estaba cerrada así que toqué; sonó un timbre, empujé la puerta y se abrió. En esta tienda venden todo lo que necesitas para hacer un ultramaratón. Nunca he sido de comprar cosas para correr pero para este tipo de distancias hay algunas que son indispensables para sobrevivir; de todas formas yo no estoy ahí por lo que venden, aunque tal vez acabe comprando algo. En este momento para mí lo interesante de esta tienda no era la mercancía sino platicar con su dueño.

Cuando me inscribí a la carrera no conocía a nadie que hubiera hecho un ultramaratón y sólo sabía de una persona que me podía ayudar a lograrlo: Toño Chi. Le hablé y le platiqué de los ochenta kilómetros, pensé que me iba a decir que era una locura pero respondió algo como: «Ok, está bien», y eso me dio mucha confianza. Conocí a Chi tres años antes cuando estaba empeñado en correr un maratón en menos de cuatro horas, en 2008, a mis treinta y cuatro años pensaba que la vida era muy seria y que yo no podía fallar, por eso busqué a un entrenador, mi prima Pola me recomendó ir con el suyo y así fue como conocí a Chi.

Hablé con él y me citó en la UNAM para hacer durante toda la mañana pruebas de fuerza, salto, velocidad y muchas más, me tomé medio día de mi ocupada vida de trabajo en una empresa de cerveza para poder ir. En la última prueba corres en la banda siete veces durante tres minutos, cada vez la velocidad y la inclinación aumentan, y si terminas las siete te dejan firmar en la pared del gimnasio. Los jugadores profesionales de futbol van ahí en la pretemporada y muy pocos han logrado firmar la pared. Con mi experiencia en triatlones y maratones yo estaba seguro de que podía firmarla, «o por lo menos termino seis de las siete etapas», pensé. En el tercer minuto de la tercera etapa Chi me hablaba y yo ya no le podía contestar. «Y aquí le paramos porque tu pulso y tu presión están fuera del límite, ja ja ja», me dijo. Él siempre se ríe. Esa mañana llegué a las pruebas sintiéndome un atleta y resultó que no era más que un gordito con problemas de colesterol. A partir de las pruebas Chi diseña un entrenamiento adecuado a tu capacidad con el objetivo de que cada vez corras más rápido y con un pulso más bajo. El pulso es una medida indirecta de la cantidad de ácido láctico que producimos; cuando fabricamos más ácido del que podemos *digerir*, se va quedando en los músculos y hace que nos duela todo y ya no podamos seguir.

Para saber a qué pulso podemos correr sin pasar ese límite, Chi hace unas pruebas de lactato donde te pone a correr varias veces dos kilómetros con diferentes ritmos cardiacos. Al final de cada carrera te saca una gota de sangre de la oreja, con un aparato mide la cantidad de ácido láctico en ella y hace una gráfica; a partir de estos datos puede saber en cuánto tiempo puedes terminar cualquier distancia, desde cinco kilómetros hasta el maratón. El día de la carrera él solamente te dice a qué pulso debes correr cada tramo, no necesitas ver el cronómetro, si sigues el plan vas a hacer el mejor tiempo para el que estás preparado sin dolor; siguiendo este programa nunca llegas a la famosa pared de la que hablan los maratonistas y que yo ya me había encontrado en dos ocasiones. Así llegué al Maratón de Nueva York después de meses de entrenamientos muy estudiados y cumpliéndolos con mucha disciplina. Llevaba el plan que me hizo Chi con el pulso al que debía correr cada intervalo de cinco kilómetros hasta el treinta y cinco, «A partir de ahí eres libre, como te sientas», me dijo.

Durante los primeros kilómetros mi reloj no servía, no podía ver el pulso y me preocupé. Luego me calmé, más o menos sabía lo que era correr al pulso que decía el plan y así me fui. Iba cuidando todo el tiempo la frecuencia de mis latidos, así como lo que tomaba y lo que comía, estaba preparado y lo iba a lograr en menos de cuatro horas. Cuando corres pendiente del pulso, éste se mantiene constante y lo que varía es la velocidad; en las subidas vas más lento y te rebasan todos, pero en las bajadas vas más rápido que los demás porque la mayoría corren a una velocidad constante, sólo que en las subidas hacen más esfuerzo y en las bajadas menos así es que el que sufre los cambios es el corazón.

Más adelante vi a un italiano que se encontró a unos amigos y se salió de la carrera para bailar con ellos. «¿De verdad es tan serio lo que estoy haciendo?» Llegué al kilómetro veinticinco y me sentía perfecto, después entré a Manhattan en el kilómetro veintiséis. No aceleré con la emoción del ruido, mantuve mi pulso constante durante la subida de la primera avenida. Llegué al kilómetro treinta perfecto, lo mismo al treinta y cinco. Ahora ya no me tenía que preocupar por el pulso y aceleré, pasé por donde había sufrido en dos maratones anteriores y no me dolía nada, entré a la meta brincando y al día siguiente mis piernas estaban muy bien. Lo logré, Chi es un *mago*.

Unos días después de inscribirme al ultramaratón y de hablar con Chi, fui a comer con Nicolás, mi mejor amigo, y le platiqué sobre mi idea de correr ochenta kilómetros. Si alguien me podía entender y apoyar en esta locura era Nico, no sólo porque lo conocía desde que éramos niños, sino porque empezamos a correr al mismo tiempo y también fuimos juntos a nuestro primer maratón hacía unos años. No sé cómo describirlo, yo diría que es alguien normal, se ríe de las cosas chistosas, no hace tonterías y no le cae bien la gente que cae mal. Corre rápido, eso sí, y lo único que me llama la atención de él es el equipo de futbol al que le va, por lo demás es una persona común... ¿O será que lo considero así porque crecimos juntos y entendemos la vida igual? No lo sé, pero me cuesta trabajo explicar cómo es él. Tampoco tiene caso describirlo físicamente pues con el paso de los años fue cambiando, pero ya lo podrán conocer en los siguientes capítulos. A esta aventura ni siquiera lo invité porque hacía mucho tiempo que él no corría y además tenía la cabeza en su boda, que ya se acercaba. Él fue quien me recomendó ir a ver a Luis Guerrero y me dio la dirección de su tienda. «¿Y quién es él?», le pregunté. «Tú ve a verlo», me contestó, y saliendo de la comida me fui a la tienda de avenida San Antonio.

A Luis le gustaba andar en bici de montaña, y un día de 1999 estaba buscando cualquier cosa en internet mientras esperaba en la oficina por la noche a que su jefe terminara una reunión y encontró una carrera para ciclistas en el Himalaya. Envió sus datos y los de un amigo para recibir información de la competencia y trató de convencer a su amigo para que fueran. Al poco tiempo recibió un correo de la organización diciendo que el evento se cancelaba pero que sí se iba a hacer el de los corredores, su amigo decidió no ir pero él sí. Eran cien millas en seis días y Luis empezó a entrenar en el Iztaccíhuatl y en el Nevado de Toluca; un día se encontró a otro amigo y, cuando le platicó sobre la carrera para la que estaba entrenando, éste ofreció organizar una cita con un patrocinador. La siguiente semana Luis fue a la reunión en una empresa muy grande y durante esa primera entrevista consiguió el dinero que necesitaba para el viaje.

Unos meses después viajó al Himalaya a participar en la competencia que en realidad eran dos carreras en una: por un lado las cien millas en seis días y, por otro, la tercera etapa de la carrera era un maratón que se premiaba aparte, en el que incluso participaban atletas que sólo competían ese día. Luis obtuvo el segundo lugar tanto en el maratón como en las cien millas. Cuando regresó, el patrocinador estaba feliz, le preguntó a qué carreras iba a ir el siguiente año y volvió a ofrecerle su apoyo.

Mientras estaba en el Himalaya, Luis conoció a una gringa que le platicó que en Estados Unidos había carreras ¡de cien millas en un solo día! Él no lo podía creer, pensaba que era imposible, pero ella insistía en convencerlo para que fuera. Dado que tenía el apoyo económico del patrocinador y ganas de volver a ver a la gringa, fue a las cien millas de Rocky Raccoon Trail Run. Unos meses después de esa carrera hizo otras cuatro seguidas para convertirse en el único mexicano en correr el Grand Slam del ultramaratón, que son estas cuatro carreras de cien millas en un periodo de doce semanas. Luis ha participado en más de veinte competencias de esa distancia, es el mexicano que más veces lo ha conseguido y también hizo carreras más largas como el Spartathlon en Grecia y el Sakura Michi International Nature Run en Japón, ambas de doscientos cincuenta kilómetros.

Luis corría con tenis marca Montrail y alguna vez esta empresa le pidió el par que usó en el Himalaya para exhibirlo en un evento. Entablaron una buena relación y él ahora es el distribuidor de esta marca en México. Así empezó con su negocio, esta tienda que está ubicada en avenida San Antonio y donde generalmente se encuentra, casi siempre acompañado por Matías, su perro. Luis es mayor que yo, así es que varios corredores de mi generación hemos empezado aquí, en esta tienda con sus consejos; unos llegan sin saber nada, a preguntar, otros a presumir que han corrido cincuenta, sesenta o setenta kilómetros, sólo para salir con la cabeza baja después de ver todas las medallas y hebillas que Luis ha conseguido en sus carreras y que exhibe en una vitrina.

Después de que se abrió la puerta entré a la tienda y ahí estaba Luis con Matías. Desde el momento en que empiezas a entrenar para un ultramaratón te conviertes en celebridad entre tus conocidos, la gente te hace preguntas y te felicita como si ya hubieras terminado la carrera, eso te empieza a afectar, comienzas a alimentar tu ego y a sentirte atleta. Pero ese día yo llegué nada más a preguntar, sin presumir mis "hazañas" en los maratones.

—Hola, ¿tú eres Luis?

Él no sólo es atleta, también lo parece, es flaco y su cara es alargada, de esas a las que se les nota que han quemado muchas calorías corriendo cientos o más bien miles de kilómetros. Él me veía a través de sus lentes. Le dije que quería correr ochenta kilómetros y le pareció bien. Decir en esa tienda que correrás esa distancia es como decirle a cualquier otra persona que quieres correr medio maratón.

Yo me había hecho muy rígido para entrenar —como había aprendido con Chi—, y me funcionaba porque también era muy ordenado en mi vida. Siempre me gustaba medir mi pulso y lo hacía en la pista, en la banda del gimnasio o en la calle, en lugares donde no hubiera muchos obstáculos. Me acuerdo de haber dicho que no me gustaba correr en alguna calle porque "había que bajar y subir muchas banquetas". Luis me dijo que él entrenaba todos los días a las cinco de la mañana en el Desierto de los Leones y no usaba pulsómetro para medir su frecuencia cardiaca ni iPod para oír música, ¡ni siquiera reloj! «Me fijo en qué hora es cuando me bajo del coche y cuando regreso vuelvo a ver», me dijo. Esta preparación era diferente a la que yo acostumbraba; en la montaña no hay ruido ni aplausos; es difícil hacer repeticiones o medir con exactitud los tiempos, y además entrenas para carreras que casi nadie conoce con nombres como Miwok, H.U.R.T., Leadville, Run Rabbit, Rocky Raccoon o Caballo Blanco.

Estuvimos platicando hasta que se me acabaron las preguntas y, como a casi todos los que llegamos ahí por primera vez, me acabó mandando a dar la vuelta al Cerro de San Miguel en el Desierto de los Leones. Es un recorrido como de veinticinco kilómetros. «Te estacionas en la pluma, corres por la carretera, pasas el convento y vas a ver una cabaña del lado derecho, ahí te subes y sigues hasta que veas un camino que cruza, le das a la derecha, más adelante vas a ver una casa verde y luego unos cables de luz, ahí empieza la bajada de regreso, todo el tiempo le vas a dar la vuelta al cerro, no hay pierde», me dijo.

Diecisiete años antes yo había descubierto un mundo diferente cuando fui por primera vez al Bosque de Tlalpan y ahora estaba por entrar a otro, que también era correr pero se parecía poco a los entrenamientos en la pista, las pruebas de lactato o al Maratón de Nueva York.

CAPÍTULO 3
LO DEMÁS NO EXISTE

Estaba en la línea de salida, en unos minutos empezaría la aventura de ochenta kilómetros para la que me había preparado, Caballo Blanco estaba junto a mí.
—¿Quién crees que gane? —me preguntó.
—Creo que Germán.
—Yo creo que el Dragón —dijo.
Había salido esa mañana de mi cuarto a las cinco, el clima era fresco y todavía estaba muy obscuro, sólo se podían ver las sombras de las grandes montañas que rodean Urique y las luces prendidas de la mayoría de los cuartos en donde otros corredores se preparaban para la carrera que empezaría en menos de dos horas. Salí del hotel y caminé por una calle que baja al centro del pueblo, al final de esta avenida

está el restaurante Plaza, ahí hemos hecho todas las comidas desde que llegamos mi esposa Ale y yo hace cinco días. La dueña, Tita, es la típica mamá mexicana que te hace sentir bienvenido y que te demuestra su cariño con comida. Ese día abrió temprano para darle de desayunar a muchos corredores antes de la carrera que comenzaba a las seis y media de la mañana: huevos con nopales, frijoles y *hot cakes*. Tenía el estómago cerrado por los nervios y apenas me pude comer el huevo, me llevé los *hot cakes* en la mano. A la hora de pagar Tita me dijo: «Pues ahora sí, que Dios los ayude», una frase que decimos todos los días, pero en ese momento a mí me sonó muy diferente. Caminé de regreso al cuarto, empezaban a llegar los corredores a la salida, Ale ya se había bañado y me preguntó cómo me sentía. «Me da un poco de miedo y de tristeza lo que voy a sufrir hoy», le respondí.

Faltaban unos minutos para empezar la carrera, estaba amaneciendo un domingo en el fondo de uno de los cañones más impresionantes de la Sierra Madre. Había llegado el día, mi primer ultra. Estaba ahí parado frente a la línea de salida convencido de que iba a intentar terminar esos ochenta kilómetros, ese ya era el logro. Creía en mí, el resto era mover las piernas, aunque todavía tenía mis miedos: al dolor, nunca había corrido una distancia mayor a los cuarenta y dos kilómetros de un maratón y en algunos había sufrido en serio; había chocado contra la famosa "pared", que es lo que pasa a veces durante los últimos kilómetros del maratón, cuando estás tan cansado y te duelen tantas cosas que parece que chocas contra una pared y ya no puedes avanzar. Si eso se sentía en el maratón, ¿qué había del otro lado de la pared? ¿Qué me esperaba en una carrera de ochenta kilómetros? Esta competencia no sólo era prácticamente del doble de distancia que un maratón, sino que se corría por la sierra con subidas, bajadas, tierra, hoyos y una temperatura cercana a los cuarenta grados; y también tenía otro miedo: ¿qué pasaría si no terminaba?, ¿me lo perdonaría? De alguna manera estaba tratando de demostrarme algo y de manifestarle a otras personas de lo que yo era capaz, «¿pero si no termino?, ¿qué voy a decir?».

Como había caminado casi todo el recorrido de los ochenta kilómetros para conocer la ruta, ya sabía a lo que iba, pero también tenía los pies llenos de ampollas. Unos días antes, una persona se quejó con Caballo Blanco de esto y le dijo que no le parecía bien hacer esas caminatas dos días antes de correr ochenta kilómetros. «Si lo que quieres es venir a tratar de ganar esta carrera, entonces esto no es para ti», le contestó Caballo. Él pensaba que esta era una semana de convivencia, de compartir, una fiesta. «Mientras el mundo está en guerra, nosotros crearemos la paz en el fondo del cañón. Corre libre», decía.

Estaba ahí, en ese lugar que yo había escogido, me sentía preocupado pero me encontraba exactamente donde quería. En ese momento fue cuando cambió mi actitud, me entró la adrenalina: «Le voy a demostrar a todos estos que los del Desierto de los Leones también podemos correr ochenta kilómetros con esas subidas y en este cañón con cuarenta grados de temperatura». Se fueron los nervios y ya estaba listo mentalmente. Ahí en la salida estaban todos los tarahumaras, ¡increíbles sus huaraches!, sus camisas de colores, su piel morena y su actitud discreta, no dicen nada. Que estén ellos es lo que hace especial esta carrera, como lo dijo alguien ahí: «Si no, esto no sería más que una bola de gringos persiguiéndose unos a otros en la montaña».

Además de la presencia de los tarahumaras y de los ochenta kilómetros que tengo enfrente, lo especial de esta carrera era que había estado ahí casi una semana y conocía a la mayoría de los que iban a correr. El que la terminara no recibiría una medalla sino cinco costales de maíz, por eso participaban los tarahumaras; para recibirlos debíamos conseguir cinco pulseras que daban en diferentes puntos de la carrera, la primera en la salida.

El clima estaba fresco, tal vez doce o quince grados, tendríamos nada más una o dos horas con esa temperatura, así que una vez que saliera el sol y hasta que terminara la carrera haría mucho calor. Faltando segundos para arrancar decidí dividir el recorrido en partes, mi primera meta sería la iglesia de Guadalupe Coronado, un pueblo que estaba a ocho kilómetros de Urique. «Sólo voy a correr hasta esa iglesia, lo demás no existe», pensé.

Empezó la carrera y, contrario a lo que se pudiera pensar de una competencia de esa distancia, la salida fue muy rápida, una locura. Yo arranqué lento, era algo nuevo para mí, además estaba siguiendo los consejos de mi nuevo amigo Steve, él me dijo: «Si sientes que vas haciendo esfuerzo, vas muy rápido». Salimos por la calle principal de Urique hacia el pueblo de Guadalupe Coronado. Siempre he preferido ir de menos a más, en la parte final de una carrera es motivante rebasar y frustrante ser rebasado. Le comenté a alguien que ya no faltaban ochenta kilómetros, ya faltaba menos, y se rio. Antes de llegar a la iglesia vimos a los líderes que ya venían de regreso: Daniel Oralek (checo) y varios tarahumaras. A Daniel lo conocí el miércoles anterior, cuando nos sentamos en la misma mesa durante la cena y nos invitó a una carrera que él organizaba cerca de Praga, que consistía en hacer ¡siete maratones en siete días seguidos! «Ojalá puedan venir el año que entra», nos dijo mientras nos daba un folleto.

—¿Tú la has corrido, Daniel? —le pregunté.

—Sí, el año pasado.

—¿Y cómo te fue?

—Pues bien porque gané —me contestó apenado.

Daniel había corrido los siete maratones en un promedio de tres horas cada uno, y dos semanas después había ganado una carrera de cien millas que terminó en quince horas, además no dejaba de tomar cerveza, me dijo que se tomaba tres litros al día.

—Tú vas a ganar esta carrera —le dije.

—No, no creo —me contestó nuevamente apenado.

En la casa que está cerca de la iglesia no tuvimos que enfrentarnos al perro como nos habían advertido y tampoco me acordé de él, nada más pensaba en seguir avanzando. Llegué a la iglesia, Steve venía un poco atrás, yo no lo quería dejar de ver porque eso me haría pensar que iba muy rápido. Ahí me pusieron la segunda pulsera. Ahora correríamos seis kilómetros al puente; «sólo voy a correr a ese puente, lo demás no existe». Llegué con Steve y con Ricardo al puente, primera cita con Ale, quien nos dio plátanos; llenamos las botellas con Gatorade y nos fuimos. Error táctico: no me puse bloqueador.

Ahora seguía la subida a Los Naranjos hasta la intersección a la que habíamos caminado el viernes. «Lo demás no existe», pensé. Steve se quedó atrás y ahora estaba corriendo con Ricardo, él también era de la capital y yo creo que era la persona más simpática que conocí esa semana, por lo que era una buena compañía. «Ahora empieza lo difícil, Ricardo», le dije. Volvimos a ver a los líderes: Daniel Oralek, Miguel Lara (tarahumara, ganador del año pasado) y en tercer lugar ya estaba Germán Silva. Tomé el tiempo y le grité: «Te llevan siete minutos, Germán». Me saludó, se veía entero. Más atrás venían los otros favoritos: el Dragón de Japón y el Chivo de Estados Unidos, que habían quedado en primero y segundo lugar en 2009. Dicen que en esa carrera el Dragón se escondió en el último puente para no ganar.

Hay dos versiones: que lo hizo porque no le gustan las entrevistas, y que quería dejar ganar al tarahumara Arnulfo Quimare, pero finalmente fue el Chivo quien ganó.

Llegamos a la intersección y de ahí entrábamos a una brecha a la izquierda para hacer un circuito y regresar al mismo lugar. Era el único tramo de la carrera que no había caminado en la semana, la única referencia que tenía era lo que me dijeron el viernes: «De aquí a Los Naranjos y de regreso es hora y media caminando». ¿Cuánto podíamos tardar corriendo?, ¿una hora? Vamos a dar esta vuelta, «lo demás no existe».

Empezamos a subir, en mi reloj tenía el tiempo de la vuelta, no el total, sólo importaba ese. El calor ya estaba a todo. La subida era entre piedras, podíamos correr muy poco, cada vez se hacía más empinada y empezamos a rebasar a varios tarahumaras. Había muchos árboles y no podíamos ver hacia dónde íbamos. Por fin vi arriba del lado derecho a algunos corredores por un camino muy lejos. Le dije a Ricardo: «Hasta allá vamos, ahí ya es la bajada, dale». Al rato vi ese mismo camino del lado derecho pero ahora, en vez de muy arriba, estaba muy abajo. La subida seguía, esto era peor que Los Alisos. Ricardo me dijo: «Maldito checo, cómo le hizo para pasar por aquí tan rápido». Eso fue lo último que platicamos; empecé a subir y subir, y cuando volteé para atrás ya no lo vi, le grité, no me contestó, me quedé solo. Rebasaba tarahumaras y les preguntaba cuánto faltaba, cada quien decía algo diferente. Terminó la subida, llegué a una puerta, entré y vi varios árboles de naranjas. Ya llegué, seguí corriendo, encontré lo que parecía un puesto de abastecimiento, ¡pero era una tienda!

—¿Coca-cola o jugo?

—Azúcar no, gracias.

En mis últimos entrenamientos me había pasado que tomar azúcar me hacía sentir mucho mejor, pero al poco tiempo mucho peor, la insulina hacía su trabajo. Me regalaron un hielo y me lo puse en la gorra. Di vuelta a la derecha y llegué al puesto de abastecimiento; puse agua en la botella, me la tomé, comí fruta y les pregunté: «¿Cuánto me lleva el Dragón?» Todos se rieron, yo ya estaba de buenas, empezaba la bajada. Me pusieron la tercera pulsera.

Una dimensión impresionante, me sentía una hormiga bajando por esa montaña, bajaba y bajaba, y no veía a nadie adelante. ¿Estoy solo?, ¿cuánto me llevan los demás?, ¿voy muy lento? En fin, no hay nadie atrás y nadie adelante. Al poco tiempo rebasé a los hermanos de Germán Silva y a algunos rarámuris. Seguí el descenso, llegué a un pueblo donde el camino era plano, me dolían un poco las rodillas por correr en la bajada. Continué y llegué a la intersección otra vez, no tardé hora y media sino una hora cuarenta y cinco minutos pero ya estaba ahí, una meta más. Ahora a Urique, «sólo voy allá, lo demás no existe».

En el camino rebasé a un rarámuri deshidratado, le ofrecí agua, no quiso, son muy tímidos y no se quejan de nada; le puse la botella en la mano, se la tomó toda y sonrió. «Bien gastada esa agua». Pasé el puente y entré al pueblo, primera vez que pisaba el pavimento en cinco horas. Se sentía muy bien correr en plano, el calor estaba a todo lo que daba. Gente, banderas de todos los países y por fin el restaurante Plaza, y ahí estaba Ale, siempre ella.

Primera vuelta completa. Me ardía el cuello por el sol. Me puse bloqueador, comí tacos de frijoles con queso, tomé agua y llené la botella. Ahí estaban dos corredores, no estaba solo. Le pregunte a Ale: «¿Dónde están los demás?». «Ahí adelante, acaban de pasar, vas muy bien», me respondió. Llegó Steve y me dijo:

—Tienes manchas blancas en la camisa, tómate las pastillas de sal que te di. ¿Cómo te sientes?

—Caliente —fue lo único que se me ocurrió.

—¿Vas por otra vuelta? —me preguntaron.

—Claro que sí, nos vemos en cinco horas, ahorita vengo.

Arranqué y empecé a comerme los burritos, oí varias porras y aplausos muy alentadores, ahora iba a Los Alisos la subida imposible que ya había hecho el jueves caminando, pero no importaba todavía, sólo iba a correr hasta el puente colgante, «lo demás no existe».

CAPÍTULO 4
LA BAJADA DEL PODÓLOGO

Es domingo, esta semana acabo de conocer a Luis Guerrero y voy a dar la vuelta al cerro de San Miguel. Son los primeros días de noviembre, hoy es un día fresco y con sol; estoy saliendo de mi casa, son las siete de la mañana. Ya llevo meses entrenando pero pienso que esta vez es la primera en que realmente lo hago para un ultra, para correr ochenta kilómetros. Llegando a la pluma del Desierto de los Leones me estaciono y veo pocos coches ahí, tal vez unos diez. Hoy me tocan veintiún kilómetros según el entrenamiento que me puso Chi, pero me voy a salir un poco de la rutina, a ver qué pasa. Voy a hacer la vuelta cómo me explicó Luis, creo que me acuerdo bien de todo lo que me dijo, además, según él, no hay pierde.

Abro la puerta, me bajo del coche y alrededor del pecho me pongo la banda del Polar para medirme el pulso, debo correr hoy entre ochenta y ochenta cinco por ciento del máximo pulso que puedo alcanzar. Traigo la botella de agua que compré en la tienda de avenida San Antonio, tiene un arnés que es como un guante que ayuda a llevarla sin necesidad de apretarla con la mano, es muy cómoda y le cabe más de medio litro, así es que con eso tengo la hidratación que necesito para este entrenamiento. El arnés tiene una pequeña bolsa donde meto la llave del coche y dinero por si lo necesito.

Empiezo a correr sobre el concreto de la carretera, al principio me cuesta trabajo, los primeros diez minutos más o menos, no sé por qué siempre es así. Mi reloj no puede leer el pulso, yo creo que la banda no está húmeda, me detengo, me pongo agua en la mano y mojo la cinta, empiezo a correr otra vez. Ahora sí funciona. También llevo puestos unos tenis nuevos de ultramaratonista, éstos tienen una suela muy ancha y gruesa que en teoría me permiten pisar piedras y hoyos sin problema. El aire está frío, lo siento cada vez que respiro. Hace mucho que no venía aquí, no me acuerdo bien de este lugar, había venido a la carretera pero nunca subí como lo voy a hacer hoy; checo mi pulso: 82% —en rango— aunque siento que voy un poco lento, tal vez por la altitud.

Paso el convento y ahora sí pongo más atención para encontrar la cabaña; veinte minutos después de haber empezado la veo, está a mi derecha y ahí doy la vuelta para entrar a un brecha de tierra con subida, dejo el camino plano y pavimentado para cambiarlo por una terracería empinada; pienso que aquí, en este momento, empieza el entrenamiento para el ultramaratón. Me meto a un camino desconocido, algo simbólico en este día que representa lo que pasó en mi vida hace unos meses: después de siete años de trabajar en una empresa de cerveza muy grande decidí salir. Era un buen trabajo, me divertía, tenía amigos y me trataban muy bien, pero había algo dentro de mí que me movía, yo quería salir de ahí, pensaba que mi mundo se había cerrado a esa compañía y a las oportunidades de trabajo en ella. Mucho tiempo contemplé la idea de crear algo, de empezar un proyecto que tenía en mente por lo que ahora decidí experimentar afuera. Aproveché un recorte en el presupuesto y cuando Gilberto, mi jefe, me pidió una lista de las personas que debían salir, escribí mi nombre en ella. Él llevaba años trabajando en esa industria, es de la edad de mi papá, aprendí mucho con él, no sólo de mi trabajo sino de la vida en general.

—¿Cómo es posible? —me preguntó sorprendido.

—Gilberto, tú me platicaste que estuviste tiempo de más en la empresa de cigarros, yo ya llevo siete años aquí.

A los tres días volvimos a hablar y entonces me dijo: «No quiero que te vayas, pero si lo pienso fríamente creo que estás haciendo lo correcto». No sólo me dejó ir, sino que también me dio ánimo para mi salida. Cuando ya estaba afuera me sentía como el pez del acuario que regresa al mar, no sabía ni configurar una computadora. Me alejé de las quincenas, bonos, seguros y demás prestaciones que tiene una empresa así, cambié todo eso por algo de libertad, y adrenalina, para poder emprender un proyecto personal. Estaba seguro de que era la decisión correcta porque así lo sentía, racionalmente no sabía si era lo mejor; diez días antes había nacido mi cuarto hijo.

No puedo correr en esta subida, es muy empinada, decido caminar hasta que termina el ascenso, ahora el terreno es plano y corro otra vez, paso unas cabañas y llego a un río, pude haberlo cruzado pisando las piedras para no mojarme los pies, pero no, me meto al agua. Siento que si voy a hacer un ultra no debo preocuparme por esas cosas y también quiero ver qué tan rápido se secan mis tenis nuevos.

Tal vez en ese mismo impulso que siento por vivir cosas nuevas correr un ultramaratón representa una aventura interesante o quizá lo hago porque extraño esa creencia de ser una celebridad, como la que obtuvimos Nicolás y yo cuando corrimos el maratón por primera vez mientras estábamos en la universidad. Esa vez llegamos a la escuela con las medallas del Maratón de Nueva York, éramos el tema de conversación por haber logrado esa hazaña y me gustó ese sentimiento.

Sigue la subida, ya casi llevo una hora corriendo, este ascenso es muy largo, me cuesta mucho trabajo, ¿será por aquí? No puedo correr todo el tiempo, así que decido trotar dos minutos y caminar uno. Aquí ya no hay tantos árboles y los que están no tienen muchas hojas. «Hubiera traído mi iPod para distraerme». Por fin llego a una intersección ¿Y aquí?, ¿derecha o izquierda?, pero me acuerdo de que estoy rodeando el cerro, tiene que ser a la derecha. He tomado agua cada veinte minutos desde que arranqué, no quiero deshidratarme.

Todavía falta mucho para la carrera, la única persona que conozco que ha hecho un ultramaratón es Luis y sólo he platicado con él una vez. ¿Y yo podré?, siento que es algo que tengo que hacer, no sé muy bien para qué, de la misma manera en que empecé a correr en mi último año de prepa ese martes cuando sentí por primera vez que quería hacerlo. Ahora esta necesidad no tiene que ver nada más con el placer y el bienestar del ejercicio, esto es un reto. Aunque no me doy cuenta, pienso que solamente es una aventura que quiero vivir, pero en realidad estoy tratando de probarme y de diferenciarme, quiero ser un ultramaratonista. Se parece más al día que me retaron a correr hasta el aeropuerto en Acapulco, pero ahora esta prueba me la puse yo.

El sol ya es muy brillante, me deslumbra y aquí arriba no hay tanto oxígeno, sigo tomando agua cada veinte minutos, desde aquí se pueden ver los volcanes —el Popocatépetl y el Iztaccíhuatl—, pero hoy no los veo, no me fijo porque estoy muy concentrado en terminar esta vuelta y no perderme. Ahora estoy buscando la casa verde que me dijo Luis, a los pocos minutos la veo. «Voy bien». Después siguen los cables de luz, ya llevo casi dos horas aquí, espero que vaya bien. Se me está acabando el agua pero no tengo sed. Veo de lejos una torre gris, esos deben ser los cables, y sí, voy bien, aquí empieza la bajada, todo derecho debo llegar al coche.

Ya estoy cansado, el terreno es irregular, hay muchas piedras y hoyos. Menos de cinco minutos después de empezar la bajada, ¡*crack*!, me tuerzo el tobillo y tengo que parar. Con estos tenis efectivamente puedo pisar piedras y hoyos, también se secan rápido, pero la suela además de ancha es muy alta, y no torcerse los tobillos mientras te acostumbras a usarlos es difícil. Empiezo a caminar lento y luego a correr otra vez. No había visto a ninguna persona desde que dejé la carretera, de pronto veo a alguien que sube y pienso en preguntarle si voy bien.

—Voy a la pluma de Cruz Blanca, ¿este es el camino?

—Sí, yo ya voy de regreso, vente conmigo —me dijo.

Empezamos a bajar juntos, me platica que es podólogo y desde entonces a esa parte del Desierto la nombro "La bajada del podólogo"; siempre que paso por ahí me acuerdo de él, no lo puedo evitar.

El podólogo me deja en el puente de palos, que es de madera y cruza un río, y me indica el camino que lleva hasta la pluma de Cruz Blanca; aquí en el puente están varias personas, la mayoría ciclistas. Ahora sí no hay pierde, pero yo logro encontrar la manera de perderme, doy una vuelta mal a la izquierda y bajo mucho hasta un pueblo, ahí pregunto por la pluma y me dicen que tengo que regresar como cuarenta y cinco minutos, yo ya estoy cansado, con los tobillos torcidos y sin agua en mi botella. Entonces la mejor opción es seguir de frente hasta la carretera México-Toluca y de ahí volver primero en camión y luego en taxi hasta el Desierto de los Leones.

Empecé a correr ahí dos veces a la semana, ya no me volví a perder y cada vez me torcía menos los tobillos. Me acostumbré a esa vuelta, empecé a reconocer cada lugar y a bautizar cada tramo como lo hice la primera vez con "La bajada del podólogo". Pero todavía no iba a ninguna carrera, pensé que una buena preparación para un ultramaratón sería un maratón, ¿no? Entonces mi primera y única carrera de preparación fue el Gran Maratón Pacífico de Mazatlán en la primera semana de diciembre; fuimos Ale y yo con Nico y su novia Inés. Nicolás sólo iba a correr medio maratón porque no había entrenado, pero lo convencí de correrlo completo. «Total, ya estamos aquí», le dije. Mi plan era correr diez minutos y caminar uno para completar la distancia, no planeaba sufrir. «Total, qué son cuarenta y dos kilómetros para un ultramaratonista», pensé ilusamente.

Ese domingo aprendí tres lecciones:

1. Era un ultramaratonista, pero de libro. No bastaba con saber de ultramaratones, tener amigos ultramaratonistas, o estar inscrito en uno; para serlo, hay que entrenar muy bien.
2. Cuarenta y dos kilómetros es una distancia muy respetable para cualquier persona.
3. Se puede superar la pared, sólo hay que seguir adelante hasta que pase.

Este recurso es bueno cuando vas a correr doce horas en la Sierra Tarahumara.

Llegue al kilómetro veintinueve y ahí estaban Inés y Ale con sándwiches y café , yo me la estaba pasando muy bien, venía divirtiéndome, saludando, feliz. Me paré, cambié la botella de agua con Ale y me comí un pedazo de su sándwich. Nico venía un poco atrás. «Nos vemos en la meta».

Un kilómetro después se acabó la diversión, llegué a la pared, no podía avanzar, todo me dolía, no pensaba bien. Doce kilómetros más serían imposibles, podía parar ahí pero yo había quedado con Nico en terminar, «ni modo, a darle». Corría cuarenta y cinco segundos y sentía los calambres; caminaba, corría cuarenta y cinco segundos, otra vez los calambres; caminaba, corría, más calambres, caminaba. Esto era peor que las dos veces anteriores en Nueva York porque hacía mucho calor.

Pensé que era el momento de poner en práctica mi fuerza de voluntad, era el momento de probar todas las historias de resistencia física que había leído: "La mente fuerte". Me iba a vencer algo físico como los calambres, la deshidratación, una lesión, pero la mente no. Seguí, seguí y continué hasta el kilómetro treinta y tres. Volví a empezar, estaba bien, corría otra vez, superé la pared, nunca lo había logrado.

En el kilómetro cuarenta y uno vi a Ale con Inés y Nicolás; yo solamente terminé porque en eso había quedado con él. Lo vi bien feliz tomando Gatorade, se paró desde la primera vez que vimos a Ale y a Inés en el kilómetro veintinueve. «No se trata de sufrir», les dijo. Ale corrió conmigo el último kilómetro y cuando aceleró para tomarme la foto en la meta me di cuenta de lo lento que iba, yo pensé que llevaba buen paso. Al final de la carrera estaba contento, «¡superé la pared!» Perdí la uña del dedo gordo del pie derecho.

La verdad es que no estaba bien preparado, así que llegando a la Ciudad de México regresé al principio, le hablé al Mago y empecé a entrenar con él otra vez. Chi me dio mis primeros entrenamientos el 15 de diciembre, dos meses y medio antes de la carrera; a correr lento y muchos kilómetros. Esta vez decidí hacer la preparación exactamente como me la mandó, respetando pulsos y distancias.

CAPÍTULO 5
BURRITO, *DONKEY*

Ya había corrido los primeros treinta y cinco kilómetros y salí del pueblo de Urique hacia el otro lado, con destino al rancho Los Alisos. Dejé el pavimento que tan bien se sentía y entré otra vez a la tierra y a las piedras. Terminé de comer y me empecé a sentir mal, mareado y débil, ya no pensaba bien. «Faltan dos vueltas al Desierto de los Leones, no lo puedo hacer, no; falta menos, veintiséis más veintiséis son cuarenta y dos, ¿o cincuenta y dos?, y llevo treinta y cinco, ¿faltan cincuenta y cinco?, o cuarenta y cinco kilómetros. No voy a acabar, ya me está dando un calambre en la pierna izquierda; tengo sed, ya perdí, estoy solo, no hay nadie delante de mí, todos están en Los Alisos».

Tomé agua de mi botella, toda la que pude, ya no iba a terminar la carrera, estaba deshidratado. La tarde anterior, Ale me había dicho que leyó un artículo que decía que noventa y cinco por ciento de las mujeres terminan un ultramaratón y un gran porcentaje de los hombres no, porque nosotros fabricamos un pretexto. Es lo que yo estaba haciendo en ese momento. ¿Cuál iba a escoger?: calambre, sed, calor, ampollas, ¿cuál? «No Mario, la mente no, la mente fuerte. Si físicamente ya no puedes, de acuerdo, pero la mente siempre positiva, sólo vas a correr hasta el puente y ya. Dale», me dije. En ese momento empecé otra vez y me acordé de las palabras de Miriam: «Vamos al puente burrito, *donkey*, vamos». Otra vez los líderes: Daniel Oralek adelante, volando, lo seguía el tarahumara Miguel Lara y más atrás Germán Silva.

—Germán, te llevan siete minutos —le grité.

—¿Cuántos? —me preguntó.

—¡Siete, dale!

Se veía fuerte, lo seguían el Dragón y el Chivo, que se veían agotados, estaban caminando en la subida que nunca termina, la que me había señalado Caballo el jueves. Más atrás, las mujeres: Betty Méndez de Chihuahua en primer lugar, caminando y comiendo, se veía agotada, tres minutos atrás Kelly, la californiana.

—Vamos Kelly, estás a tres minutos —le grité.

—Ya no puedo correr, que gane ella —me dijo con la cara muy roja.

Llegué al pueblo que está a la mitad del camino, al que habíamos bautizado como Gatorado, ya que todos comprábamos algo para tomar en alguna tienda de ahí. Se sentía muy bien pisar el pavimento. Después oí un grito: «Vamos, Mario». «¿Quién me conoce aquí en Gatorado?». Era Memo, otro corredor que estaba sentado en un local tomando algo en la sombra.

—Hasta aquí llegué, ¿cómo ves? ¿Tú cómo vas? —me preguntó.

—Fumigado, pero no me voy a parar —se rió y me aplaudió.

Salí de Gatorado y otra vez a la tierra. «Maldito puente ¿dónde estás?» Había caminado por ahí el jueves pero no me acordaba bien de esa parte. Después vi una manta que decía: "Km 42". En cualquier maratón me faltarían ciento noventa y cinco metros, en cambio aquí esto apenas empieza. Me acercaba al puente donde había un área de abastecimiento y ahí estaba Diego, que nos había traído a Urique en su camioneta. Él nos dijo la noche anterior:

—Va a estar muy caliente mañana, cuidado.

—No te preocupes Diego, si pasa cualquier cosa traigo el teléfono de mi mamá —le contestó Ricardo en broma.

—¿Lo traes? Dámelo, no sería la primera vez que le hablo a alguien para decirle que su hijo ya no está —le contestó Diego muy serio.

—Pinche Diego, me asustó —me dijo Ricardo después de platicarme la historia hacía muchos kilómetros.

Diego estaba preocupado por nosotros. Llegué al abastecimiento y me dijo: «Ven acá, te voy a dar un abrazo Mario, vas muy bien, ten, toma suero». Me dio una botella que era lo más parecido a agua de mar que he probado. «Tómate la mitad y en la subida bebes la otra mitad», me dijo. Vi que le daban masajes a alguien y pedí que me dieran a mí también.

—¿Qué más hay aquí?

—Advil —me dijo una enfermera.

—Dame dos —y me los pasé con agua de mar.

—Voy rápido a Los Alisos y regreso, nos vemos aquí en dos horas —le dije a Diego.

Crucé el puente y tiré el suero, no me lo pude tomar. Me estaba recuperando, me sentía mejor, venía la subida, ya habían pasado los líderes, ¿y los demás? No estaba solo, se encontraban en el ascenso. Llegué a la subida, era muy empinada, había tierra suelta, un calor infernal y más de cuarenta y cinco kilómetros en las piernas. Al primer intento no subí, me fui para atrás. «No es que no quiera, no puedo. Pretextos no. Pasitos, cortos pero para adelante». Y empecé a subir, cada vez mejor, cada vez más rápido; los muslos me quemaban, vi tarahumaras sentados, descansando en piedras; seguí y seguí. No podía más. «Si ellos se sientan es por algo. En la siguiente piedra que vea en la sombra me siento», me prometí.

El camino era como de un metro de ancho, no había sombra, no sé si era más caliente el sol del lado derecho o la pared del lado izquierdo. Encontré una piedra en la sombra y me senté treinta segundos, funcionó, subía más rápido; llegué al lugar donde alguien me había dicho el jueves: «Aquí es la mitad», pero ya iba corriendo, rebasando. Empecé a ver bajar a otros corredores. «No estoy lejos».

Miriam me dijo: «*Molto caldo*». Atrás venía Duncan, el australiano, me dio la mano. Cada vez iba mejor, ya estaba corriendo. Por fin vi a lo lejos Los Alisos, y estaba entrando Diran, el argentino de ascendencia armenia. «Mario, ya tienes un nuevo mejor amigo», pensé. Sólo me acordaba del agua que había probado ahí el jueves, en Los Alisos, donde hay un pozo de agua helada que se saca con una manguera; y cuando llegamos ahí llenamos las botellas, tomamos agua y comimos toronjas. Ese día alguien le preguntó a Caballo si era seguro beber esa agua y él le contestó: «Con este calor creo que es mejor tomarla que no hacerlo».

Entré a Los Alisos y esta vez Próspero y su familia habían organizado un *spa*. Sillas, mesas, toronjas, plátanos, atole, pinole, y claro, el agua helada del pozo. Cincuenta minutos en una subida en la que me había tardado cincuenta y cinco el jueves. Me sentía cansado, «no estuvo mal». Los Alisos es el kilómetro cincuenta, ya era un logro para mí. Diran me dijo que había tacos de frijoles. «¿Quieres uno?» «Seguro, y con sal, por favor».

Llené mi botella con agua helada, me mojé la cabeza y tomé hasta que no pude más. Diran me dijo: «Mario, debemos apurarnos, tenemos diez horas para terminar la segunda vuelta o no nos van a dejar hacer la última, nos quedan dos horas y veinte minutos para llegar a Urique». Estábamos a catorce kilómetros. «Vámonos».

Le di cincuenta pesos a Próspero y le dije: «Me salvaste la vida». Empezamos a bajar por la tierra, estaba fresco, feliz, entero. Bajada, subida, terreno plano. Otro corredor iba con nosotros. «Necesito una sombra», me dijo. Le comenté que cruzando el puente tendríamos tramos de sombra, no podíamos parar pero abajo del siguiente cactus se acostó, fin de su carrera. Llegamos a la última parte de la empinada bajada zigzagueante. Veinte pasos, luego nos deslizábamos como si fuera una cancha de tenis de arcilla; vuelta en "U" y otra vez, era hasta divertido. Me sentía perfecto, estaba en la zona, o sea, nada me dolía, no estaba cansado, tenía la mente en paz, podía seguir así por horas mientras nada cambiara. Llegamos hasta abajo y le dije a Diran: «Por lo menos en esta carrera ya no nos morimos en una caída».

La subida a Los Alisos tiene muro hirviendo de un lado y una caída fatal del otro. Antes del puente vimos mal a un corredor —estaba vomitando—, era Jason, mi vecino de cuarto. Hubiera querido ayudarlo pero teníamos que seguir. «Sigan, estoy bien», nos dijo. Al otro día le pregunté a él si una carrera de cien millas como Leadville era mucho más difícil que esta. «¿Qué te puedo decir?, en Leadville terminé y aquí no». Cruzamos el puente.

—Te propongo algo, aquí adelante hay un pueblito, vamos a tomarnos ahí una Coca-cola helada —me dijo Diran.

—Ok, de aquí a Gatorado, «lo demás no existe».

Mientras tanto, en Urique ya había ganadores: Miguel Lara, tarahumara de la villa de Porochi, rebasó a Daniel Oralek en los últimos kilómetros y Germán Silva quedó en tercer lugar. El Dragón llegó más atrás y el Chivo fue víctima del calor de cuarenta grados. Cien metros antes de la meta se colapsó, justo enfrente de la clínica de Urique; de inmediato fue internado, dos horas después salió todavía con el suero puesto para caminar dignamente hasta la meta. De las mujeres, Betty Méndez ganó, Ruth Anne Hamrick de Nuevo México quedó en segundo lugar y Kelly en tercero. Al otro día en la estación de tren en Bahuichivo, Ale y yo felicitamos a Betty, y nos dijo algo como: «Gracias por felicitarme, la verdad es que estoy muy orgullosa de mi logro porque tiene mucho mérito, yo vengo de un pueblo muy pobre de Guanajuato y ahora soy licenciada en Educación Física y gané esta carrera. Me costó mucho trabajo, nada más iba pensando: Vamos, Méndez, vamos, Méndez». Soy fan de Betty; Miguel y ella habían ganado también en 2011, nuevamente fueron los campeones.

Llegamos a Gatorado, Diran entró antes. Después de tomarme una Coca-cola de lata le dije a la señora de la tienda:

—Que Dios te bendiga por tener una tienda en este lugar —se rio y nos fuimos.

—Me dijo la señora que faltan cinco kilómetros para Urique —me comentó Diran.

—Yo creo que falta un poco más, dale. Ahora vamos a Urique, a ver a Ale. «Lo demás no existe», sólo voy a correr hasta Urique.

Llegamos a la subida que nunca termina y así se sentía. «Vamos, Mario». No sabía qué hora era ni cuánto tiempo faltaba para el corte ni dónde estaba, Urique pero me sentía bien. «Burrito, *donkey*». Por fin acabó esa subida interminable donde había visto caminar al Dragón y al Chivo, luego vino otra y una bajada, y otra subida; empecé a reconocer, era el lugar donde Caballo se había caído el jueves de la camioneta *pick-up*, ya estábamos cerca. Rebasamos a un corredor y poco después vimos el puente de Urique, quedaban menos de dos kilómetros, vi el reloj: 9:45. ¡Lo hicimos!

El viernes siguiente, todavía con las pulseras puestas, estaríamos cenando en la Ciudad de México recordando esta locura antes de que Diran se regresara a Buenos Aires. Entramos al pueblo, qué bien el pavimento, qué bien las porras de la gente, y Ale iba a venir conmigo a la última vuelta, la vi de lejos en el Plaza. Las ampollas me molestaban en los talones y en los dedos gordos. Ella estaba preocupada por el corte de las diez horas pero llegamos. Le pedí unas curitas, mientras me las ponía llenó las botellas de agua. Faltaban dieciséis kilómetros. «Tráete la lámpara y vámonos», le dije.

CAPÍTULO 6
EMPEZANDO LA BÚSQUEDA

Una noche, cuando tenía diecinueve años, me desperté en el jardín de mi casa; estaba acostado en el pasto. Dasha, mi perra, estaba sentada junto a mí viéndome con sus ojos azules, ella parecía más lobo que perro. Mis amigos y yo habíamos ido a una comida a casa de la niña guapa donde tenían una fuente llena de cervezas. «No nos vamos hasta que se acaben», decían mis amigos, y todo fue pura diversión hasta que, según me cuentan, el papá de la niña guapa nos acompañó al coche para que nos fuéramos de su casa, al final creo que ese día no resultamos tan simpáticos.

Desde que era niño, para mí la diversión siempre tuvo que ver con los deportes, jugarlos y verlos en vivo o en la televisión, pero a partir de que entré a la preparatoria —a los dieciséis años— también se relacionó con el alcohol: comidas, bares, reuniones y antros. Era muy divertido pero no es algo que me enorgullezca, y no era consciente del riesgo que lleva tomar alcohol de esa manera. Entré en ese círculo por inseguridad y por querer pertenecer al grupo o por hacerme el simpático. Nunca tomé solo, no tuve que llegar a eso pero lo hacía prácticamente en todos los eventos sociales; cuando no quería hacerlo sentía la presión de los demás, y cuando alguien no quería tomar yo lo presionaba. También había competencia en esto, ver quién tenía el mayor aguante o las aventuras más exóticas tomando alcohol; yo tenía amigos que destacaban en las dos categorías y me sentía muy orgulloso de ellos. Tal vez ellos dirán que yo era de los buenos también, puede ser. Y así fue como nadamos en fuentes, una vez incluso con todo y coche, brincamos sobre las mesas de muchas bodas, fuimos a Garibaldi y llevamos serenata a las novias en turno hasta las diez de la mañana, entre otras cosas.

De la casa de la niña guapa nos fuimos a la mía, cuando llegamos, con trabajo me pude bajar del coche, me acosté en el pasto y me dormí. Dasha se sentó junto a mí y ninguno de mis amigos se me pudo acercar porque ella les gruñía, y a unos ya los había mordido alguna vez, así que mejor me dejaron dormir y se metieron a mi casa. Había estado con ellos desde muy temprano porque esa mañana, como todos los sábados, habíamos jugado futbol en alguna parte de la ciudad. En esa época, el futbol era para mí más importante de lo que alguien que nunca jugó, pueda imaginar; además de esos partidos existían mis amigos, la diversión y en un grado un poco menos importante, la escuela. Me paré y caminé hacia mi casa, Dasha me seguía; mis papás y mis hermanas estaban de viaje. Entré y mis amigos estaban viendo algo en la televisión; en el piso había botellas de cerveza y cacahuates por todos lados, parecía que habían hecho una guerra con ellos. Sonó el teléfono y contesté.

—Hola, Mario —me dijeron desde el otro lado.

—¿Quién habla?

—Tu papá.

—No me estés chingando, ¿quién habla?

—Ja, ja, ja, en serio soy tu papá. ¿Qué te pasa?, sólo queremos saber cómo estás.

—Perdón, pa, me despertaste, todo está muy bien.

Pocos minutos después Nico me pasó el teléfono otra vez, ahora era la niña guapa de la comida y ella me quería ver… «Yo también». Verla era una motivación suficiente para salir de mi casa, quedamos en vernos en un bar que estaba cerca de ahí. «Así es que apaguen la tele y vámonos», les dije a todos. Yo seguía totalmente alcoholizado, pero no manejé, siempre fui muy consciente con eso, sólo me acuerdo de haber manejado borracho una vez, al salir de una boda.

Había mucha gente en la entrada del bar, estaba totalmente lleno, tal vez eran las diez de la noche. «¿Cómo voy a encontrar a la niña guapa?». Pero antes de entrar apareció mi ex novia. «A esta persona no la quiero ver», pensé. Ella me platicaba y yo le contestaba indiferente. Nico no entendía y me observaba. Yo nunca hablé por teléfono con la niña guapa, con quien hablé y a quien había quedado de ver era a ella, a mi ex novia, y Nicolás siempre lo supo pero yo con tanto alcohol me confundí. «Vámonos de aquí».

El domingo en la mañana no había tiempo para quejarse de la cruda, ni siquiera tenía necesidad de hacerlo, a mí nunca me dio una. En alguna cancha de la Ciudad de México estaba un equipo de futbol esperándonos para otro partido; también jugábamos todos los domingos. Así era cualquier fin de semana cuando estábamos en prepa y entre semana los días eran parecidos, sólo que íbamos a la escuela en la mañana, en lugar de partidos teníamos entrenamientos y no tomábamos tanto alcohol. Esa era nuestra manera de descubrir el mundo y de divertirnos.

El martes siguiente pensé en que quería ir a correr, no sabía que lo necesitaba ni que ese día iba a empezar una búsqueda y mucho menos a conocer un mundo diferente al que estaba acostumbrado; es decir, no quise ir a correr, aunque eso pensaba, en realidad era una necesidad que venía de mi interior, como cuando se requiere dormir o comer, pero yo no me había dado cuenta. Necesitaba correr y no por una razón en particular, no creía tener problemas de salud, nadie me obligó a ir ni me convencieron, tampoco iban a estar ahí mis amigos o alguna niña guapa, nadie me iba a dar un premio, simplemente me nació hacerlo, tampoco me lo cuestioné en ese momento.

Cuando tenemos una necesidad así, como comer, dormir o correr, lo más fácil que podemos hacer es satisfacerla. La podemos disfrazar de muchas cosas, yo podría decir que corro por mi salud, porque estoy entrenando para una carrera o porque me encanta ver el amanecer, pero no, corro porque lo necesito y siendo así, ir a correr es lo mejor que puedo hacer. El día que necesito hacerlo es más fácil levantarme en la madrugada, vestirme y salir que dormir un par de horas más, y el día que no lo necesito es al revés, es más sencillo quedarme en la cama.

A la única persona que había visto correr por un motivo diferente al de divertirse o al de moverse de un lugar a otro fue a mi papá. Cuando yo tenía once años él dejó de fumar y empezó a correr. Su verdadero reto fue dejar de fumar; hace poco me dijo que lo hizo porque sus hijos estábamos creciendo y no quería que nosotros fumáramos, ¿pero cómo nos iba a aconsejar que no lo hiciéramos si él fumaba? Le dijeron que corriendo se le podían quitar las ganas de fumar y así empezó. Para iniciar su entrenamiento hizo la prueba de Cooper, la cual consiste en correr durante doce minutos la mayor distancia posible y, dependiendo de la edad del corredor y de la distancia recorrida, se puede calificar su condición física como: muy mala (me imagino que aquí empezó mi papá, ¡ja!), mala, regular, buena o excelente. Después de la prueba, el Dr. Kenneth Cooper propone un sistema de entrenamiento basado en puntos y, por lo que me acuerdo que me explicó mi papá, funciona más o menos así: por cada milla (1.6 km) corrida en menos de diez minutos recibes cuatro puntos; en menos de nueve minutos, cinco puntos; en menos de ocho minutos, seis puntos, y en menos de siete minutos, no sé, porque mi papá nunca me lo platicó.

Puedes correr todas las millas que quieras al día, el objetivo es hacer treinta puntos a la semana y con eso lograr una buena o excelente condición física. Mi papá me platicaba de sus avances y de cuántos puntos llevaba en la semana, era muy disciplinado, y recuerdo cuando me contó que por fin había podido correr una milla en menos de ocho minutos. Me enseñó su cronómetro: 7:58. ¡Menos de ocho minutos! Yo lo consideraba como el límite humano de la velocidad, excepto para los que salían en la televisión o los que iban a las Olimpiadas.

Durante unas vacaciones mi papá se propuso hacer ¡cien puntos en una semana!, más o menos el equivalente a treinta y dos kilómetros en tres horas durante los siete días, algo como treinta minutos diarios. Una verdadera hazaña, y lo consiguió; él estaba muy contento y a mí se me hizo impresionante, yo admiraba a mi papá. En ese momento yo nunca me imaginé que iba a haber veces en las que yo tendría que hacer el equivalente a más de trescientos puntos en un solo día. Mi papá actualmente sigue corriendo, nunca tuvo la necesidad de hacer un maratón, y yo lo sigo admirando.

Ese martes que sentí la necesidad de correr por primera vez quise ir solo, no le dije a mi papá ni pensé en correr con él, tampoco me preocupé por los puntos, simplemente quería correr y me fui en la tarde al Bosque de Tlalpan. En ese bosque hay un circuito de novecientos metros que sube de ida y baja de regreso; yo no tenía tenis para correr, creo que ni siquiera sabía que existían, mucho menos reloj o ropa especial, nada más fui a correr, a conocer ese mundo. Cuando llegué al bosque decidí hacer tres vueltas, no sé, me pareció un buen número, no calenté ni estiré, empecé a correr. Es un ejercicio muy diferente al futbol, jugar noventa minutos en una cancha dando y recibiendo patadas no te garantiza poder terminar tres vueltas en el bosque. No sabía ni cómo respirar, «¿Por la nariz?, ¿por la boca? No, me da dolor de caballo. Ya sé, respiro por la nariz y lo saco por la boca, perfecto». Cada vuelta me costó más trabajo, pero terminé las tres, estaba feliz, tenía una sensación como la que te da cuando acabas de hacer muchas cosas que tenías pendientes, pero la sentí rápido, de golpe. Cuando terminé no sabía qué hacer y me pareció buena idea seguir con abdominales; «¿Cuántas?», cincuenta me pareció un buen número. Me acosté en el piso y las hice.

Llegué a mi casa y me metí a mi cuarto, me sentía satisfecho, muy bien, es un tema personal. No tenía con quién compartir esto y la sensación era de bienestar, diferente a la del futbol, que dependía casi siempre del resultado del partido. Estaba oxigenado, me sentía en paz y había regresado al Bosque de Tlalpan después de alguna vez que me llevaron de niño, pero ya no me acordaba de él, de hecho pasaba enfrente del lugar casi todos los días pero me era indiferente.

Al otro día, cuando desperté, las piernas y el abdomen me dolían como si me hubieran atropellado, pero me gustó, necesitaba hacerlo otra vez. Mi necesidad por correr coincidió con la de Nico, quizá él un poco forzado por la idea de competir en la pista de atletismo. Nicolás pensaba que corría rápido, no sé de dónde sacó eso, y quería ser seleccionado por nuestra escuela para competir en un evento de atletismo en el Estadio Olímpico.

Los sábados y domingos seguirían reservados para el futbol, pero acordamos vernos en el Bosque de Tlalpan de lunes a viernes para correr, y el que no llegara a la cita en la madrugada le pagaría cincuenta pesos al otro en la escuela, con eso teníamos una motivación más. Así empezamos todos los días entre semana, antes de ir a la escuela nos veíamos en el bosque para dar tres vueltas que luego se convirtieron en cuatro, luego un amigo nos dijo que la subida de la quinta vuelta era muy pesada y al otro día decidimos hacerla. Nicolás y yo casi nunca faltábamos a la cita, tal vez al principio por lo de la apuesta de los cincuenta pesos, pero cada vez eso era menos importante. A pesar de que parecería difícil levantarme tan temprano, como ya expliqué, ahora era más fácil para mí hacerlo e ir al Bosque que quedarme dormido como estaba acostumbrado meses atrás.

Empecé a vivir en ese mundo, a salir de noche de mi casa y a manejar por las calles vacías hasta llegar al bosque; me estacionaba siempre en el mismo lugar y ya sentía que era mío. Ahora ya reconocía a la gente que iba ahí todos los días: al que cuidaba los coches, al del puesto de jugos, al señor que no podía caminar y se sentaba en una banca en donde empezábamos los corredores a dar la vuelta, y a todos nos decía con mucho entusiasmo: «Buenos días». A veces venían con nosotros algunos amigos, pero ninguno fue constante, seguramente llegaban movidos por la curiosidad de ver qué había ahí en las madrugadas, qué hacía que Nicolás y Mario no faltaran a la cita, que ya no tomaran tanto alcohol y terminaran las fiestas temprano. Para el observador externo no había nada interesante, nada más gente corriendo, pero para quienes lo hacíamos era distinto. Respirar el aire fresco de la mañana y el olor a tierra mojada, diferente al del pasto recién cortado de la cancha de futbol pero que daba la misma sensación de pertenencia. Cuando yo iba solo era un espacio para tener la mente tranquila y pensar en la respiración o en el movimiento, cuando venía Nicolás no dejábamos de hablar, arreglábamos el mundo en esos cuatro o cinco kilómetros. Me acostumbré a ver el amanecer. Antes, cuando me despertaba veía el sol y ahora —cuando éste salía— yo ya estaba corriendo, en verdad existía vida en esta enorme ciudad mientras la mayoría de las personas seguían dormidas.

Unos meses después yo estaba en Acapulco en casa de una amiga tomando cerveza en la alberca. Estaba ahí José, su hermano, un tenista que jugaba en una universidad en Estados Unidos. No sé cómo empezamos a hablar sobre correr y entonces José me dijo: «A ver si muy corredor, vámonos mañana de aquí al aeropuerto». ¡Uff, veintidós kilómetros!, yo nunca había corrido más de diez, pero me estaba retando, o sea que correr también se trata de esto, no sólo de sentirse bien en las mañanas. Ahora tenía la necesidad de ir corriendo al aeropuerto pero no por sentirme bien o por la aventura, tenía que demostrar que yo corría, que podía llegar hasta allá y que todas las vueltas que daba en el bosque de algo servían. «¿A qué hora nos vamos?», le dije. Quedamos en vernos a las seis de la mañana en la calle.

Al otro día llegué temprano con el compromiso de terminar medio maratón por primera vez, era una competencia, también estaba mi orgullo involucrado. Arrancamos todavía de noche pero ahí el calor nunca termina, así es que la temperatura y la humedad eran altas, en cinco minutos ya estaba empapado, parecía como si me acabara de salir de la alberca. A los pocos kilómetros empezó a amanecer y comenzamos la subida hacia Las Brisas. Mi amiga nos seguía en el coche y hasta ahí no había ninguna sensación extraña excepto por el calor. Después de subir y bajar por el otro lado de la montaña ella nos estaba esperando con el coche estacionado en el kilómetro quince, ahí tomamos agua y nos preguntó cómo nos sentíamos: «Todo bien». Dos kilómetros después a su hermano le empezaron a dar calambres, le pregunté que cómo estaba y me dijo que bien, que continuara.

Cuando llegó mi amiga se quedó con él y yo seguí corriendo los últimos cinco kilómetros hasta el aeropuerto. Fue una gran satisfacción llegar, era la primera carrera larga de mi vida; unos días antes hubiera sido impensable para mí lograr algo así, no lo crees hasta que lo haces, tal vez sólo necesitaba que alguien me retara. Por otro lado me justifiqué, es decir, yo tenía la razón, esas vueltas en el bosque sí servían y ahora sí me sentía un corredor. En Acapulco tuve por primera vez la satisfacción de terminar una carrera larga, pero también fue la primera vez que corriendo sentí el orgullo de tener la razón… y de ganar.

CAPÍTULO 7
LOS CINCO COSTALES DE MAÍZ, A TERMINAR

"We ran in peace together, dancing in rythm to the lovely heartbeat of our Mother Earth; the heartbeat of freedom. All were winners. On this day, yet another time, peace was created in the deep canyon country of La Sierra Madre. Run Free!"

Caballo Blanco.

Libré el corte, eran las cinco de la tarde, por lo que el sol ya no quemaba; ya no tenía que pasar por Los Naranjos ni por Los Alisos, y estaba con Ale, ahora sí podía disfrutar el cañón de Urique. El día que me gradué de la universidad hubo una fiesta en mi casa y estaban ahí todos mis amigos, yo estaba en medio del jardín y Dasha, mi perra, estaba conmigo; se me acercó alguien y me dijo:

—Yo también tengo un perro.

—Hola, soy Mario.

—Yo soy Ale.

Ella me gustó desde ese momento pero no le quise hablar porque ya había tomado un poco de más y no quería equivocarme, pero al otro día conseguí su teléfono. Al poco tiempo de salir fuimos a correr al Bosque de Tlalpan; Christopher McDougall dice en su libro *Nacidos para correr*: "Nuestros antepasados corrían para impresionar a sus parejas", quizá por eso corría con Ale. Dos años después, mientras ella estudiaba en Barcelona fui a visitarla y cuando Ale estaba en la escuela me fui a buscar unos libros. Iba caminando por la calle: librería, librería, librería... joyería. Nunca había pensado en eso pero se me ocurrió hacer una prueba en ese momento; entré a la joyería, vi los anillos y escogí uno como si lo fuera a comprar. Me salí de la joyería... «Algún día», di tres pasos y vi mi vida como en cámara rápida: «¿Y si sí?» Entré otra vez, compré el anillo y cuatro horas después se lo di a Ale, dijo que sí, y mi vida cambió para siempre. Doce años y cuatro hijos después estábamos aquí juntos tratando de terminar los últimos dieciséis kilómetros de esta carrera. Saliendo del pueblo todo era felicidad y tranquilidad, pasamos una manta que decía: "Km 66", y salté para tocarla; llegamos al puente y lo cruzamos para salir de Urique por última vez.

Dicen que los ultramaratones son como la vida, a veces estás arriba y otras abajo, y así fue, doscientos metros después todo cambió, estaba muy mareado, se me bajó el azúcar, tenía escalofríos. «Me tengo que sentar«, le dije a Ale. Traía las gomitas que Duncan me dio. «Tómate una cada hora», me había dicho. «¿Pues qué tal doce juntas?», y me comí todas. Un minuto sentado y empezamos a correr otra vez. Vimos a Miriam con su Coca-cola, ya venía de regreso. Toda la carrera yo había repetido su frase: «Soy un burrito, *donkey*, sólo voy para adelante, no como, sólo tomo agua y Coca-cola». Esa frase me había ayudado mucho durante el día. Miriam me regaló su Coca-cola caliente, me quiso ayudar, a esas alturas de la carrera eso es un detallazo. A pesar de que yo traía agua fría y Gatorade me la tomé en su honor. Miriam terminó en octavo lugar y ganó tres mil pesos que donó a los tarahumaras. Por ahí vimos también a María Juliana, la niña tarahumara que había ganado esta carrera en 2009 a los catorce años, ahora con diecisiete y un bebé de dos meses la había hecho un poco más lento.

Llegamos a Guadalupe Coronado al mismo tiempo que Duncan. Me pusieron mi última pulsera: la quinta. Cinco costales de maíz para los tarahumaras. «Lo hice». Sólo faltaban ocho kilómetros de regreso. «Ya acabamos, Ale; falta regresar pero lo tenemos que hacer, no nos podemos quedar a dormir aquí, así es que ya estuvo». Me senté en el escalón de la entrada de la iglesia, me vacié la botella de agua en la cabeza y oí la voz de Ale: «Ándale, Marito, vámonos». Me levanté para correr los últimos ocho kilómetros, me sentía muy bien. Pronto se hizo de noche, el paisaje era espectacular. Duncan venía con nosotros, teníamos una lámpara para los tres, Ale la llevaba puesta y Duncan y yo la seguíamos. Antes de llegar al pueblo aparecieron con sus lámparas Steve y su amigo Luke, no habían librado el corte pero decidieron terminar de cualquier manera. Los consejos que me dieron ellos esa semana me habían ayudado a lograr esto.

Ya se veían las luces de Urique y se oía la fiesta, cruzamos el puente donde había visto a Ale por primera vez ese día, once horas antes; entramos al pavimento, había mucha gente en la fiesta y gritaban: «Corredores, corredores». La gente se quitaba para que pasáramos y nos aplaudía. Llegamos al Plaza por última vez y ahí en la meta estaban varios corredores esperándonos. «¡Lo hice!». Somos más fuertes y capaces de lo que pensamos, sólo hay que probarnos. Me senté en la banqueta, saqué los setenta pesos que me quedaban y le pedí a Ale que le comprara a Tita dos cervezas. «Favor número mil del día. Gracias, Alita».

Al otro día en la mañana estuve en la repartición de los vales de maíz. Caballo, vestido con una playera de la selección argentina de Messi que Diran le regaló, contaba las pulseras de los tarahumaras y les repartía los vales. Cinco pulseras eran de doscientos cincuenta kilos de maíz o la comida de tres meses de una familia. Nunca me había sentido tan orgulloso de terminar una carrera, mis pulseras también valían y se le daban a alguna familia tarahumara.

En Urique casi todos caminábamos con dificultad, nos despedimos y nos fuimos en camionetas a Bahuichivo, ahí esperamos el tren. Cuando llegó el Chepe unos nos fuimos a Chihuahua y otros a los Mochis, ahí nos separamos *Los Más locos* hasta 2013. Al poco tiempo de ir en el Chepe ya tenía señal en mi teléfono otra vez. Atrás quedaron Tita, Duncan, Steve, Diran, el restaurante Plaza, el hotel Estrella del Río y el cañón de Urique, donde una vez al año es posible trotar con Germán Silva, platicar con un Caballo, convivir con los tarahumaras, ser felicitado por una Mariposa y correr hasta conseguir cinco costales de maíz.

CAPÍTULO 8
¿Y AHORA CUÁL ES LA SIGUIENTE?

"Seguramente para Miguel Lara habrá muchas oportunidades en carreras en Estados Unidos, pero para Arnulfo y otros corredores rarámuris también habrá oportunidades, la oportunidad de estar aquí y de ser ellos mismos. Poder escoger libremente es maravilloso".

Caballo Blanco.

Un domingo en la mañana, hace ya muchos años, Nico y yo nos sentamos en el pasto con la espalda recargada en la pared buscando el sol del amanecer para quitarnos un poco el frío. Estábamos justo abajo del puente Verrazano en Staten Island, Nueva York dos horas después arrancaría el maratón. La logística de esta carrera es bastante complicada, hay que llegar con mucha anticipación a la salida y generalmente hace mucho frío.

—¿Y si empieza a llover ahorita? —me preguntó Nico.

—Nos regresamos al hotel y se acabó —le contesté medio en broma, medio en serio.

Como ya comenté en otro capítulo, las dos ediciones anteriores de este maratón, en 1994 y 1995, mientras yo daba mis primeras vueltas al Bosque de Tlalpan, las había ganado el mexicano Germán Silva, quizá por eso a Nico se le metió en la cabeza esta carrera. En esa época internet apenas empezaba y los que hablaban de deportes en la televisión lo hacían generalmente de futbol.

—Vamos a hacer un maratón, Mario, ¿cómo ves? —me dijo Nico por teléfono.

—Va.

—Pero el de Nueva York.

A Nico y a mí, sin saberlo, se nos había creado la necesidad de correr el Maratón de Nueva York, seguro por la aventura, pero también para probarnos que podíamos y para distinguirnos de alguna forma de otras personas; nos daba un buen tema de conversación estar entrenando para una hazaña así. No sabíamos ni cómo inscribirnos, faltaban seis meses para la carrera, así que le hablamos a mi tía que tenía una agencia de viajes y le pedimos que se encargara de todo. Buscamos en internet un plan de entrenamiento y encontramos uno de dieciocho semanas que sólo decía la cantidad de millas que teníamos que correr cada día. En casa de Nico pasamos el plan de entrenamiento a la computadora, hicimos la conversión de millas a kilómetros para entenderle e imprimimos una copia para cada quien. «Listos».

No teníamos entrenador, tampoco experiencia en carreras como esa, ni siquiera en medios maratones, y no conocíamos a nadie que hubiera corrido uno; lo que teníamos era un papel y muchas ganas de ir a la carrera. Teníamos que correr entre cuatro y cinco veces a la semana una distancia de cinco a diez kilómetros, y los domingos hacíamos corridas largas de trece hasta treinta y dos kilómetros. Seguíamos jugando futbol, así que a veces ajustábamos los días de entrenamiento para ir a los partidos.

El programa que teníamos dosificaba la distancia todos los días precisamente para poder recuperarte de las carreras largas, pero yo no entendía eso, como me quería preparar muy bien para el maratón, todos los días hacía mi mejor esfuerzo, trataba de romper mi récord en la distancia que me tocaba, así conocí el término *sobreentrenado*. Tienes el pulso acelerado todo el día y por las noches no puedes dormir, es como si te hubieras tomado dos litros de café antes de acostarte y tienes taquicardia. Al otro día vuelves a correr pero estás cansado y te cuesta más trabajo, por lo que haces un mayor esfuerzo y en la noche te sientes peor, es un círculo vicioso. Tuve que dejar de correr como dos semanas para recuperarme, y cuando empecé otra vez lo hice más tranquilo. Durante los recorridos largos de cada domingo aproveché para conocer lugares diferentes al Bosque de Tlalpan; dar vueltas de novecientos metros puede ser tedioso o aburrido.

Los días anteriores al viaje fueron emocionantes, cualquier viaje tiene su propia emoción, yo no conocía Nueva York, pero pensaba más en el maratón y después del domingo por la tarde ya habría tiempo para conocer la ciudad. El maratón me causaba diferentes emociones; por un lado, la ilusión de estar ahí, de que el día había llegado, pero por otro me daba miedo, realmente no sabía si podría terminarlo y qué tanto me iba doler. ¿Cómo se sentiría chocar contra esa famosa pared de la que hablaban los corredores?, ¿qué tanto dolería? Y por primera vez conocí ese otro miedo antes de una carrera: «¿qué pasa si no termino? ¿Me lo perdonaría? ¿Qué les voy a decir a los demás? ¿Qué van a pensar de mí?».

Unos minutos antes de las once de la mañana, Nico y yo nos acercamos a la línea de salida. Tocaron el himno de Estados Unidos y después el alcalde de la ciudad dio la salida; salen primero los corredores élite que intentan ganar la carrera y atrás de ellos miles de personas como yo que nada más pretenden completar la distancia. Mientras tanto en unas bocinas se puede oír a Frank Sinatra cantando "New York, New York". Hay demasiada gente, y menos de un kilómetro después de haber arrancado dejé de ver a Nico. «Cada quien por su lado, ni modo».

Arranqué la carrera con sudadera y guantes, pero en pocos minutos entré en calor y llegué a un árbol en donde puedes dejar la ropa que te sobra y de ahí se la llevan para regalarla a personas que la necesiten. Me sentía muy bien, correr a nivel del mar es más fácil que a la altura de la Ciudad de México. En el kilómetro veintiséis se encuentra el puente Queensboro, uno de los pocos lugares de la carrera donde no hay público, el puente es de dos pisos y al ir en el piso de abajo sólo se oyen las pisadas de los miles de corredores, es como si fueran tambores, un sonido impresionante. Terminando el puente, al llegar a Manhattan, parece que entras a un estadio, el ruido que hace la gente que sale a ver el maratón es abrumador y sientes que ya vas a acabar porque ya estás en Manhattan... pero faltan dieciséis kilómetros. A partir de ahí subes por la primera avenida ocho kilómetros hasta el Bronx, y digo "subes" porque no parece, pero tiene una ligera pendiente. Entre la emoción del ruido de Manhattan que te hace acelerar un poco sin darte cuenta y esa leve subida, el desgaste es muy grande. Yo todavía me sentía bien.

Mi "pequeño" error de novato en esa carrera fue no tomar agua, nada de agua, ningún líquido, lo que hizo que me deshidratara y en el kilómetro treinta y seis, cuando llevaba exactamente tres horas corriendo, empecé a sentir que necesitaba azúcar. Mucha gente que está viendo el maratón lleva cosas para ofrecer a los corredores y vi que una señora tenía dulces. Me paré, tomé los dulces de su mano y cuando traté de arrancar sentí calambres en las dos piernas, choqué contra la famosa pared, parecía que me habían aplastado, así de golpe, no poco a poco, ya no podía avanzar. Entonces empecé a caminar tratando de estirar las piernas para que no me dieran calambres, caminé para adelante y luego para atrás. Nunca había sentido en mi vida un cansancio tan brutal, dolía. Escuchaba a la gente que estaba viendo el maratón y gritando a ambos lados de los corredores como si estuvieran detrás de una pared de vidrio y en cámara lenta, nada más faltaban seis kilómetros pero parecía imposible. Nunca me detuve ni pensé en hacerlo, pero de ahí en adelante sólo caminé o corrí muy lento; me tardé una hora con quince minutos en completar esos seis kilómetros y terminé el maratón cuatro horas con quince minutos después de haber empezado. Al cruzar la meta sentí una satisfacción enorme, porque ya no tenía que mover las piernas pero también porque me había convertido en un maratonista; no me importó hacer más tiempo de lo planeado, ¡había corrido un maratón!, y ese logro ya nadie me lo iba a quitar. Después de eso tuve un hambre incontrolable durante los siguientes tres días y pude bajar escaleras sin ayuda hasta el miércoles.

De regreso, en la universidad, Nico y yo éramos como *rockstars*, llevamos las medallas y nuestros amigos no podían creer que hubiéramos logrado semejante hazaña. El jueves fuimos a celebrar como sabíamos, y entre el alcohol y los tacos que nos comimos, consumimos mucho más calorías que las que quemamos en el maratón. El viernes por la mañana tenía taquicardia, fui a ver a mi abuelo que era cardiólogo, y cuando le conté lo que había hecho le causó mucha gracia. «Te ganaste una medalla a pulso», me dijo riéndose.

Ahora en Urique ese sentimiento de *rockstar* había regresado, no había sido un maratón como esa vez, sino un ultramaratón. Me sentía muy orgulloso, realmente éramos pocos los que entrábamos en esa categoría. Ahora sentía que había recuperado mi condición de *rockstar*. Cuando íbamos de regreso a Bahuichivo me sentía ultramaratonista, pensaba que era uno de ellos, ahora pertenecía al club. Iba sentado en el asiento de atrás de la camioneta con Miriam y, desde que la conocí, siempre que platiqué con ella tuve miedo, es decir, estaba preocupado por la carrera. Ahora ya no, ahora quería que me platicara sobre sus carreras, lo mismo con los otros corredores de la camioneta.

Llegando a Bahuichivo tomamos el tren hacia Chihuahua y después de dos horas, cuando ya tenía señal en el teléfono, empecé a recibir mensajes de personas que querían saber cómo me había ido y qué había pasado en Urique. El cuerpo se me hinchaba de orgullo al platicar de mi hazaña. Más tarde, ahí mismo en el tren, Sarah, una corredora inglesa, me preguntó cuál sería mi siguiente carrera.

—Iba a ir a los cien kilómetros de Miwok en mayo, pero pues vine aquí, así es que ninguna.

—¿Pero por qué no vas a Miwok?

Yo solamente corría un maratón al año, pensaba que no era sano hacer más que eso y mucho menos hacer otra carrera de estas. A pesar de principios de marzo yo sentía que este año ya había cumplido.

—Pues porque sólo faltan dos meses —le contesté.

—¿Y?

Sarah corría más de diez ultras al año y no podía entender la explicación que le estaba dando.

—Bueno, no voy a poder ir por mi trabajo —le tuve que mentir.

—Ah, ok.

En el momento de la plática con Sarah yo no tenía una respuesta para la pregunta: «¿Y ahora cuál es la siguiente carrera?», pero un mes después, y de ahí en adelante, siempre la tuve, y eso me llevaría en los siguientes dos años a correr más de veinte maratones y ultramaratones, sacarme cientos de ampollas, quitarme muchos mitos e ideas que me limitaban, romperme las costillas, pasar noches enteras corriendo, llorar cinco veces y entender cosas de mí que hoy me hacen más feliz. Durante ese tiempo estuve preparado para hacer un maratón en cualquier momento: de día, de noche, terminando de comer, lloviendo, con gripa... pero vamos por partes.

Como ya platiqué, antes de ir a Urique yo corrí maratones, pero luego me había enterado que después del kilómetro cuarenta y dos no se acababa el mundo, que sí existían el kilómetro cuarenta y tres, el cuarenta y cuatro y muchos más. Leyendo dos libros, primero uno de Murakami y después *Ultramarathon Man* de Dean Karnazes, que te hace pensar que debería estar clasificado como ciencia ficción hasta que después conoces a personas que hacen lo que dice ahí. El libro de Murakami *De qué hablo cuando hablo de correr*, es la historia de cualquiera de nosotros a los que nos gusta correr: por qué lo hacemos, a qué hora, qué pensamos cuando corremos y todo lo demás. En algún capítulo narra una carrera de cien kilómetros que hizo en Japón y dice que después de eso perdió la motivación para correr por algunos meses, después regresó a hacer maratones, uno al año, pero ya nunca pudo hacerlos tan rápido como antes. Esa distancia me llamó la atención, cien kilómetros, ¿cómo puede existir una cosa así? Y además ahora era algo que yo necesitaba hacer, no sabía para qué. La verdad es que no lo sé, pero regresó esa necesidad de la que ya hablé, la misma que me llevó al Bosque de Tlalpan por primera vez y que me motivó para ir al maratón dos años después, simplemente sentí que necesitaba hacerlo.

Busqué en internet y hay pocas carreras de cien kilómetros, son más comunes las de cincuenta y de cien millas (ochenta y ciento sesenta kilómetros). Encontré una que se organiza al norte de San Francisco que se llama Miwok, en honor a una tribu indígena que vive en esa zona. Parecía perfecta, esa ciudad, en mayo, en un bosque junto al mar, pero luego vi la altimetría de la carrera: Miwok tiene muchas subidas, el ascenso total (es decir, la suma de todas las subidas de la carrera) es de doce mil pies, el del Maratón de Nueva York es nada más de ochocientos cincuenta y cinco pies, en cambio; es decir, esta carrera no solamente es de 2.5 veces la distancia, sino que también tiene catorce veces más subidas que la de Nueva York.

Los ascensos de Miwok son el equivalente a subir y bajar escaleras de un edificio de ¡mil doscientos pisos! Sí, mil doscientos. «Imposible, puedo tratar de correr cien kilómetros pero no con esas subidas». Cerré la computadora, me olvidé de la idea y fui a cenar con Ale y mis hijos. Mientras esperábamos la mesa me metí a una librería que estaba junto al restaurante, lo primero que vi fue el libro de Dean Karnazes, *Ultramarathon Man*, lo compré y lo leí en tres días. En ese libro, Karnazes habla de la carrera de cien millas de Western States, que es reconocida como el primer ultramaratón de la era moderna; la de Badwater, que es de ciento treinta y cinco millas en el Valle de la Muerte en California, y se hace a más de cincuenta grados centígrados en el verano; también cuenta historias de entrenamientos de toda la noche, un maratón en el

Polo Sur y otras aventuras increíbles. Después de leer ese libro pensé que si Karnazes era capaz de correr lo que decía ahí, yo sería capaz de correr cien kilómetros con subidas de doce mil pies y decidí inscribirme a la carrera.

Miwok es muy "popular" y sólo hay cupo para cuatrocientos treinta corredores, así que se decide por sorteo quién participa. Mandé mis datos y dos semanas después me llegó la noticia: ¡Estaba aceptado! Poco después me enteré de la existencia de Caballo Blanco y de esa otra increíble carrera; el ultramaratón de las Barrancas del Cobre en la Sierra Tarahumara se correría exactamente nueve semanas antes de Miwok. Entonces Ale me dijo: «¿No estarás pensando en correr ochenta kilómetros en marzo y cien en mayo, verdad?». Tenía razón, después de haber corrido cuatro maratones alguna vez dije que máximo haría cinco en toda mi vida, me parecía que esa distancia que yo consideraba como el límite humano era demasiado desgaste para el cuerpo, y por supuesto nunca haría más de uno al año. También decía que la distancia ideal para una carrera eran veintiún kilómetros —medio maratón—, así que dos ultramaratones en dos meses estaba fuera de mi comprensión. Entonces me concentré en la carrera de la Sierra Tarahumara y olvidé Miwok. Urique es la carrera a la que yo quería ir, no a Miwok.

Cuando llegué a mi casa a la Ciudad de México, después de Urique, me acosté en un sillón, estaba descalzo y me sentía en paz. ¿Qué había pasado? Parecía que había hecho un viaje a otro planeta, aunque sólo fui a la Sierra Tarahumara. Quité de mi cabeza la carrera de Miwok y al día siguiente traté de cancelar mi inscripción pero ya era tarde, ya no se podía, intenté hacerlo sólo un día después de la fecha límite.

Para mi sorpresa, físicamente me sentía bien y el domingo siguiente, es decir, exactamente una semana después de la carrera de Caballo

Blanco, corrí en la colonia Condesa una carrera de diez millas, no estaba agotado. Le hablé a Chi, volví a los entrenamientos y empecé a pensar en Miwok otra vez. Fui a una carrera al Nevado de Toluca, mi segunda a campo traviesa después de Urique.

Nico e Inés ya habían regresado de su luna de miel y en el puente del 21 de marzo le platiqué a él la historia de Urique y la idea de Miwok, y me dijo: «Yo te acompaño». La siguiente semana ya teníamos hotel y boletos de avión. Ya no había para atrás, el 5 de mayo, dos meses después de la carrera en la Sierra Tarahumara, estaría en Miwok. «¿Y qué pasó con esa idea de sólo un maratón al año?».

La siguiente semana le deposité a Caballo la misma cantidad que le pagué antes de irme a la carrera de Urique y me escribió un *e-mail* preguntándome si era un error. «Tú ya habías pagado», me dijo. «Sí, Caballo, pero tú dijiste que si nos gustaba la experiencia podíamos depositar más, además yo fui con Ale y a ella la trataron como si fuera corredora». «¡Wohoo!, Caballo feliz, nos vemos pronto, amigo».

Dos días después recibí un *e-mail* de Kelly diciendo: «Espero que esto no sea verdad: Ultramaratonista perdido en el bosque de Gila, en Nuevo México». Caballo había salido a correr el día anterior por la mañana sin Guadajuko, su perro, y no había regresado. Muchos corredores empezaron a mandar mensajes como: «Espero que estés bien. Suerte, Caballo». Pensé que esos buenos deseos no servían de nada hasta que Luis Escobar escribió: «Vamos a encontrarlo, salgo de mi casa en Los Ángeles en una hora. ¿Quién viene?» Los hermanos Coury ya estaban ahí, tenían experiencia como rescatistas, así que se unirían a la búsqueda al otro día en la mañana y poco a poco llegaron decenas de corredores y amigos.

Caballo había salido de Urique tres semanas después de la carrera manejando su *pick-up* hasta Arizona para visitar a su novia la Mariposa. Paró en Nuevo México, en un hotel cercano al bosque de Gila para visitar a unos amigos. El lunes salió con Guadajuko para hacer una corrida de varias horas. El martes el perro tenía las patas lastimadas, por lo que Caballo se fue solo y dijo que iba a correr doce millas: seis de ida y seis de regreso; fue visto por última vez a tres millas del hotel. El miércoles corrió la noticia de que Caballo no había regresado y fue entonces cuando decenas de corredores empezaron a llegar a Gila para unirse a las labores de rescate. En esa época del año la temperatura durante la noche ahí es inferior a los cero grados centígrados, y Caballo sólo llevaba *shorts* y una playera. Los corredores se repartieron en equipos y buscaban alrededor del punto en que fue visto por última vez. No había señal de celular en la zona, así es que era a través de *e-mails* y mensajes que al final del día nos enterábamos de los avances de la búsqueda..., pero nada de Caballo. "El mejor corredor es el que no deja rastro", empieza diciendo el libro *Nacidos para correr*.

Así pasaron tres días. Intentaron de todo, llevaron a Guadajuko, recorrieron rutas inusuales y complicadas, hasta que el sábado en la tarde Ray Molina, la persona que conocía de más tiempo a Caballo Blanco, lo encontró sentado a la orilla de un río, con las piernas en el agua; quizá Caballo se sintió mal y se fue a sentar ahí, su cuerpo no tenía golpes y todavía tenía agua en su botella, así es que no murió deshidratado. Como ya era tarde, Ray y su equipo decidieron prender una fogata y pasar una última noche junto a su amigo. Al día siguiente en la mañana regresaron a conseguir una carroza para sacar el cuerpo del bosque, la cual, irónicamente, iba jalada por un caballo blanco.

Cuando le preguntaban a Caballo Blanco qué pensaba hacer cuando ya no pudiera correr más, decía que se iría caminando por el bosque y que iba a encontrar un buen lugar para acostarse, involuntariamente eso fue lo que acabó haciendo. No puedo decir que Caballo fuera mi amigo, sólo estuve con él una semana pero me dio tristeza recibir esa noticia; había estado con él menos de un mes antes, en parte debido a él y a su historia yo me animé a ir a Urique; aprendí muchas cosas y conocí a varias personas que sigo viendo.

CAPÍTULO 9
CIEN KILÓMETROS, EL FUTURO NO EXISTE

«Marito, despiértate, te habla tu papá», me dijeron con voz muy baja mientras me tocaban el hombro. Era de madrugada, yo no sabía qué estaba pasando, pero mientras caminaba, primero por mi cuarto obscuro y después por el pasillo que ya tenía la luz prendida, poco a poco fui hilando ideas hasta que entendí todo. La persona que me despertó era Luchi —mi segunda abuela—, tendría que llamarla así. Esta mujer llevaba casi sesenta años con mi familia, mis primos, mis hermanas y yo éramos la tercera generación de niños que ella cuidaba, la diferencia era que ahora no estaba con nosotros todos los días; ella seguía viviendo en casa de los papás de mi mamá, pero en ocasiones especiales como esta se quedaba toda la noche a acompañarnos.

Luz, como se llamaba realmente, era muy blanca, su piel, su ropa y sobre todo su pelo, este color contrastaba con el negro de sus zapatos a los que les hacía agujeros para que no le molestaran los juanetes que tenía; siempre se vestía igual. La piel de su cara estaba arrugada por los años, tenía los ojos negros, había perdido algunos dientes y se la pasaba discutiendo con mi abuela por temas de la casa o de nosotros —los niños—. A mí me encantaba estar con ella, sobre todo porque nos contaba historias fantásticas que mis primos y yo queríamos oír una y otra vez durante las comidas familiares de los domingos. Ahora Luchi estaba en mi casa, antes de dormirnos, a mis hermanas y a mí nos había platicado alguno de esos cuentos que tanto disfrutábamos y que, según ella, había vivido cuando era niña en Olinalá, el pueblo donde creció.

Yo era el mayor de mis hermanos y en ese momento tenía cinco años, mis papás se habían ido al hospital porque iba a nacer mi hermanito; esa noche era la repetición de una que ya habíamos vivido un año antes, aunque parecía mucho más cercana, hacía dos o tres días tal vez. En esa ocasión, para gusto de Sofía, mi hermana, nació Ceci. Ahora me tocaba a mí, el nuevo miembro de la familia iba a ser niño, yo estaba seguro de eso.

Contesté y la escena era igual a la de hacía un año: era de noche, también me había despertado Luchi, que seguía junto a mí, y yo hablaba por el teléfono que estaba sobre la mesa en el lugar de siempre.

—Mario, acabas de tener… ¡otra hermanita! —me dijo emocionado mi papá.

Dice él que entonces oyó un ruido muy fuerte y luego la voz de Luchi: «Señor, Marito aventó el teléfono y se fue muy enojado».

Y así fue como me enteré de que había nacido Mayte, la menor de la familia. A esa edad me pesó más haber perdido contra mi hermana la discusión de niño o niña que la felicidad de que hubiera llegado Mayte; quería ganar pero perdí otra vez. Yo necesitaba a alguien que jugara conmigo en el jardín, no otra hermana.

En esa época lo que más me gustaba era el futbol, no sólo lo jugaba y lo veía en la televisión, también me vestía: con playera, *shorts* y tacos, estos últimos los llevaba hasta a las primeras comuniones después de discutirlo con mi mamá. No me acuerdo de haber jugado con cochecitos o muñecos, mi juguete favorito siempre fue una pelota, que me acompañaba a jugar en el jardín, dormía conmigo o la usaba para recargarme al ver la televisión, siempre estábamos juntos. Muchas veces jugaba solo, desde antes de que nacieran mis hermanas, después cuando eran bebés e incluso más tarde cuando ya tenían edad para salir conmigo, porque a veces me acompañaban pero generalmente se divertían haciendo otras cosas adentro de la casa.

Me gustaba estar en el jardín y correr detrás de la pelota, me inventaba torneos con finales memorables y goles imposibles que tenía que repetir mucho hasta que me salieran. Algunas veces llevaba dos playeras de diferentes colores que me cambiaba dependiendo del equipo que tuviera el balón en ese momento. En el jardín de mi casa la selección de México ganó varios mundiales conmigo en la cancha. Ponía sillas en el pasto que servían como porterías, contrarios o compañeros. Me la pasaba metiendo goles en lugares que yo encontraba, por ejemplo, en medio de dos árboles.

Unos días después de que nació Mayte yo estaba en medio de uno de estos partidos muy importantes, empecé a patear la pelota contra la barda que dividía mi casa y la de mis vecinos. Primero con la pierna izquierda, luego con la derecha, y cuando me tocaba ser portero me aventaba para atrapar el balón con las manos o para desviarlo a tiro de esquina en caso de que viniera muy fuerte o angulado. La superficie de la pared era irregular, estaba construida con piedras volcánicas grandes y grises, así es que no se podía predecir exactamente hacia dónde me iba a devolver la pelota. En uno de esos rebotes inesperados me la regresó botando, la pateé con toda mi fuerza con mi pierna derecha para anotar un gol pero le pegué demasiado abajo. Vi cómo se elevaba y sentí escalofríos en todo el cuerpo al pensar en que podía llegar hasta la casa de mis vecinos. La pelota siguió, pasó en medio de las ramas de los árboles y justo por encima de la barda, la dejé de ver y oí cómo botaba varias veces hasta que se detuvo. Mi pelota había quedado del otro lado de la pared, sentí una angustia terrible porque la había perdido. ¿Cómo podía recuperarla?

Tenía prohibido salir a la calle y no podía escalar para llegar al otro lado, el obstáculo era demasiado grande para mí, no podía llegar a ella yo solo. Me resigné a perderla pero no me sentía bien, estaba frustrado, entonces decidí pedir ayuda, y cuando empecé a caminar para entrar a mi casa, mágicamente mi pelota regresó al jardín. ¿Cómo pasó eso? No sé, pero no sólo estaba feliz porque había regresado sino que también se me hizo divertido. ¿Quién estaba del otro lado de la pared? ¿Y si la vuelvo a mandar para allá? No era fácil pero la tomé con las manos para preparar un despeje como el que hacen los porteros, me puse a una distancia en la que creía que podría lograrlo, la solté, antes de que llegara al piso le pegué con el pie derecho lo más fuerte que pude y se fue otra vez, pero ahora sentí que iba a regresar. Tardó un poco pero volvió y la pateé una vez más, ahora no la pude pasar en el primer intento ni en el segundo, pero sí en el tercero. Cuando regresó otra vez oí una voz del otro lado, parecía que era un niño como yo.

—¿Cómo te llamas? —le grité.

—Nicolás, ¿y tú?

—Me llamo Mario, ahí te va.

Nos pasamos un buen rato pateándola de una casa a la otra y desde ese día hasta hoy nunca me ha faltado un cómplice en mi vida. Ahora Nico está viéndome con cara de impaciente, creo que quiere que me levante, yo estoy sentado en el piso comiendo una bolsa de gomitas porque estoy mareado y pienso que me falta azúcar. Este no es el jardín de mi casa, es un camino de tierra que sube por una montaña y desde aquí puedo ver que el sol se está metiendo en el horizonte atrás del mar, es el kilómetro noventa de la carrera de Miwok, nos tenemos que apurar.

La carrera de cien kilómetros de Miwok en California es una clásica, muchos de los mejores ultramaratonistas la han corrido. Llegamos a San Francisco Ale, Nicolás, Inés —mis amigos de toda la vida— y yo, no podía estar mejor acompañado. Como ya comenté, Nico e Inés recién habían llegado de su luna de miel y la condición física de Nicolás no era la mejor, hacía mucho que no corría, muy lejos habían quedado para él los entrenamientos con el equipo de atletismo de la UNAM y el Maratón de Nueva York.

En Miwok puede venir un *pacer* contigo durante los últimos veinte kilómetros y sería Ale quien me acompañaría. El recorrido ese año había cambiado: la salida y meta serían en Stinson Beach, treinta minutos al norte de San Francisco. Un día antes de la carrera nos fuimos en coche para allá, cruzamos el Golden Gate y luego manejamos por Muir Woods. El lugar donde se corre Miwok es el que más me ha gustado de todos en los que he competido: es un bosque sobre una montaña a un lado de la playa. En el camino nos paramos en un mirador desde donde se puede ver un acantilado y una de las subidas de la carrera; mientras yo veía la subida Inés me preguntó si estaba nervioso.

—Sí —le contesté.

—¿Por qué?

—¡Son cien kilómetros!

La verdad es que antes de venir había hablado con Chris, un amigo que conocí en la Tarahumara. Yo pensaba que esa carrera era más difícil que Miwok pero Chris me dijo que no. «He hecho Miwok cinco veces y nunca terminé», me dijo. No sólo son veinte kilómetros más, sino que Miwok tiene casi el doble de subidas que Urique.

Llegando a Stinson Beach fuimos al súper a comprar todo lo que necesitaba para la carrera y el desayuno, tendría dos mochilas donde podría dejar todo lo que quisiera durante el recorrido; puse lo mismo en cada una: plátano, sándwich, Gatorade, *pretzels*, *jelly beans*, leche con chocolate, bloqueador, calcetines y una playera.

Vería a mis amigos seis veces durante el recorrido pero no podía depender de ellos. Hice un plan con base en las distancias y la altimetría para calcular la hora a la que pasaría por cada estación de abastecimiento para poder verlos. Después de cenar Nicolás y yo nos quedamos platicando, lo había visto poco desde que regresó de su luna de miel y me dijo:

—Me gustó tu historia de la Tarahumara, pero me parece que no disfrutaste esa carrera.

—¿Por qué crees eso?

—¿Qué estabas tratando de demostrar?, ¿a qué le tenías miedo? —me cuestionó.

Y luego siguió:

—Mañana disfruta la carrera, no tienes que demostrar nada, deja que esta carrera sea una expresión de ti, nada más —me dijo.

Nico tenía razón, los nervios o el miedo que tuve en Urique fueron por no confiar en mí y también por tratar de demostrar que yo era capaz de hacer un ultramaratón y que podía pertenecer a ese club. ¿Por qué iba a estar nervioso mañana? Sólo se trataba de poner un pie enfrente del otro, no tenía que demostrar nada y además sabía que la podía terminar.

Me desperté a las tres de la mañana, desayuné con Ale, Nico e Inés; nos fuimos a la salida, llegamos a las cuatro al registro, me dieron mi número (357), dejamos las mochilas y a las cuatro con cincuenta y cinco minutos nos despedimos. Ya no me dio tiempo de mucho más… Tres, dos, uno y arrancó Miwok 2012.

Estaba oscuro y había luna llena, todos íbamos con lámpara de minero o linterna, y directo a la subida más grande de todo el recorrido: un ascenso de más de quinientos metros en cuatro kilómetros y medio. Era una subida muy empinada y sólo cabía una persona en el camino; era una fila india, la subida duró como una hora, empezó a amanecer y me acordé de Steve, «Cuando amanece se te levanta el ánimo», me dijo en la Sierra Tarahumara, y así se sentía.

Llegamos a la primera y creo que única zona plana de la carrera, el pasto era muy verde y un solo camino amarillo de tierra de menos de cincuenta centímetros de ancho rodeando la montaña. Ese día me había propuesto disfrutar la carrera. «Toma del camino lo que te va dando, no lo enfrentes», decía Caballo Blanco, y eso estaba haciendo. «Te oí hablando español», me dijo Elena, empezamos a platicar y a partir de ahí nos fuimos juntos. Ella había corrido seis carreras de cien millas el año pasado, incluyendo el Grand Slam (Leadville, Vermont,

Western States y Wasatch Front), que se corre en verano en tres meses, el mismo que hizo Luis Guerrero hacía unos años; sólo doce personas lo lograron en 2011 y Elena fue la única mujer. Le pregunté qué tan difícil era una carrera de cien millas y me dijo: «Cien millas es un animal aparte. Si algún día lo haces, que sea en verano porque en invierno la noche es eterna», me contestó.

Seguimos hasta que acabó el bosque y llegamos otra vez al pasto, veíamos el mar y empezó mi primera crisis: me dolían mucho los muslos. Sentía la presión de ir adelante, le preguntaba a Elena si me quería pasar. «No, voy bien», y me siguió platicando. No quería pararme, no quería quedarme solo ni decir que me sentía mal pero me dolían más las piernas ¿Qué pasaba? Tenía calor y estaba muy preocupado, pero me di cuenta de que mi intranquilidad no era por lo que sentía en ese momento, más bien me inquietaba el dolor que iba a sentir después. Mi cabeza estaba en el futuro, el dolor de ese momento era muy fuerte pero lo podía aguantar, lo que no soportaba era el dolor imaginario que sentiría unos kilómetros adelante: «Si me duelen las piernas así en el kilómetro cuarenta, en el setenta me voy a morir».

Hace unos años, al regresar de un viaje tuve molestias en el ojo y fui a ver a un oculista. Después de revisarme me dijo que no se trataba de una infección sino de una inflamación, y que podía no ser nada o ser un indicador de una enfermedad reumática. Entonces fui a ver a un reumatólogo, los análisis que me hizo fueron positivos, es decir, tenía una enfermedad reumática que había provocado la inflamación de mi ojo y también de otras articulaciones, principalmente los tobillos y la espalda. Me empezaron a dar medicinas cada vez más fuertes; fui con varios doctores, algunos me decían que, si se desarrollaba, esa enfermedad me podía dejar sin caminar en unos años. Me preocupaba mucho el futuro, podía vivir con el dolor que sentía pero no quería dejar de caminar. Probé todas las medicinas alternativas que me recomendaron, algunas funcionaron y otras no tanto, también intenté dietas; me inyectaron muchas veces y me sugirieron dejar de correr por los golpes que recibe la espalda. Empecé a nadar, algo que no había hecho desde mi último triatlón unos años atrás; nadar me gustaba mucho pero aún me dolían las articulaciones. Me acuerdo que un día estuve en la alberca pensando que me parecía injusto que yo tuviera esa enfermedad, no lo aceptaba.

Ale y yo teníamos a Lucía pero queríamos tener otro hijo, así que tuve que dejar de tomarme las medicinas para que ella se pudiera embarazar sin riesgo y nació Camila; entonces fui al doctor otra vez y me dijo que no era necesario tomar medicamentos. Es una enfermedad poco clara, en cualquier momento puede regresar, tenía dolores por días en diferentes articulaciones y seguí probando métodos alternativos y dietas. Y así como vivía con esa preocupación también tenía otras: sufría por momentos imaginarios que sucederían los próximos años como esta enfermedad, o meses después en algún proyecto de trabajo o días más adelante pensando en qué pasaría el lunes en la oficina en vez de disfrutar el fin de semana con mi familia, e inclusive sufría con cosas que pasarían horas o minutos después imaginando que iba a llegar tarde a la reunión o que perdería el avión por llegar tarde al aeropuerto. Ese miedo al futuro terminaba cuando pasaba el evento que me preocupaba. Reprobé la materia de la escuela, ¿y? El perro me mordió, ¿y? No me aceptaron en la universidad o perdí el avión. Cuando pasaba lo que temía me daba cuenta de que todo estaba bien y el sufrimiento sólo había existido en mi cabeza. Lo mismo sucedía con las cosas buenas: cuando no tenía novia creía que al tenerla sería feliz, y cuando conocí a Ale pensé que sería mejor cuando me casara con ella, y cuando tenía trabajo suponía que sería feliz cuando me ascendieran.

Casi todo el tiempo tenía ese sentimiento de tratar de ser algo que no era, sin percatarme de que en ese momento ya era feliz y podía disfrutar el presente. Entonces puse mi cabeza en el aquí y ahora. Por un lado me acordé de lo que me había propuesto ese día: «Disfrutar el camino». En Urique me había dado cuenta de que en la meta no hay nada, ahí acaba la película, nada más. Miwok eran estos momentos y no cuando me pusieran la medalla en unas horas. «Toma del camino lo que te da». Por otro lado, quería terminar con el miedo al dolor insoportable y entonces también empecé a pensar: «Que venga el dolor, enfréntalo, no tengas miedo, no lo evites, confróntalo y, otra vez, toma del camino lo que te da».

Terminó el camino de pasto y empezó la bajada a Stinson Beach; finalmente me rebasó Elena. Me paré, me quité la camisa de manga larga que traía abajo y empecé otra vez. Ahora en la bajada las rodillas me dolían cada vez más, había muchos escalones y ya no podía bajar de frente, pisaba cada escalón de lado; me detenía de los árboles, me rebasan corredores. «¿Estás bien?». «Las rodillas me están matando». Sí, me estaban matando pero ya no tenía miedo. Imposible saber cuánto faltaba para Stinson Beach. «Enfrenta el dolor, no te escondas, enfréntalo». Pensé que la siguiente estación —el kilómetro cuarenta y dos— era un buen logro. Oí voces, gritos y ruido, estaba en Stinson Beach y entre los árboles apareció la estación de bomberos..., ni Ale ni mis amigos. Un mexicano estaba ahí y me dijo: «¿Cómo vas?». «Las rodillas me están matando», contesté otra vez. Busqué mi mochila, saqué un sándwich y me lo empecé a comer. Oí gritos: «Ahí está Mario», y todos aparecieron: Ale, Inés, Nico y las mil preguntas: «¿Agua?, ¿bloqueador?, ¿otra playera? ¿Cómo estás? ¿Calcetines? ¿Qué quieres comer?» Y yo decía: «No, no, no, eso sí». En esos momentos de crisis se me agudizan los sentidos y sentimientos: la comida sabe mejor, el agua me quita más la sed, me siento más amigo de mis amigos y me da mucho más gusto verlos; esto es algo que me gusta de estas carreras.

Estaba muy bien anímicamente, decidí seguir hasta la siguiente estación, una más. «Voy a Muir Beach y ya», pensé. Llevaba seis horas y cuarenta y cinco minutos. No sé cómo pero salí de ahí corriendo otra vez, no quería ver qué pasaría en la siguiente bajada con mis rodillas, pero faltaba mucho para eso, ahora tenía que subir. Me empecé a sentir mejor, corría bien, rebasaba, salí de la crisis. Esa subida fue eterna, muy empinada, rebasé a unos diez o quince corredores; ya estaba de regreso, nunca llegó el dolor insoportable, apareció la bajada y seguí rebasando; un lugar muy parecido al Desierto de los Leones..., me sentía en mi casa.

Llegando a la siguiente estación me paré enfrente de un plato de melón partido en cuadritos; un señor los cortaba con su cuchillo y sin tocarlos con las manos los ponía en el plato. Probé uno, delicioso, probé otro, ¡*wow*! Me comí dos al mismo tiempo, luego un puño, luego otro; se me caían algunos al plato, yo estaba mareado, luego ya no había en el plato y los cogía directo del cuchillo, el señor me dijo: «Por favor, trata de no tocar». Después oí la voz de Inés que me decía: «Come sal, come papitas». Había papas partidas a la mitad y a un lado un plato de sal. Cogí una papa, la metí en la sal y me la comí; varias veces regresé al melón, otro puño y luego papas. Logré tener papas de un lado de la boca, melón del otro y tragármelos sin mezclarlos, tenía un ataque de hambre.

Después pasé mucho tiempo corriendo hasta que llegué a la estación del kilómetro ochenta; treinta minutos antes del corte Ale estaba lista para venir conmigo ¡pero también Nicolás! Estaba vestido con *jeans*, por lo menos traía tenis y acababa de comer, pero seguramente después de verme tan mal en la estación de bomberos decidió acompañarme y no se quería perder el final. «¡Vámonos!» Últimos veinte kilómetros y con *pacers* me sentía una persona nueva. Salimos Ale, Nico y yo hacia la última estación antes de la meta, pasaríamos por una subida conocida como *Devils* algo. Cuidado cuando una subida tiene nombre, si alguien la bautizó no debe de ser nada fácil. No me relajé, seguí empujando por los últimos kilómetros. Nico me decía: «Ya vimos el mapa, esta es la última subida, ya acabaste», y no era así. Rodeamos unas tres montañas hasta ver Muir Beach otra vez. Antes de llegar a la estación vi salir a Elena, ella acabaría la carrera sólo ocho minutos antes que yo, pero ya nunca la alcancé, hubiera sido una gran compañía.

Me cambié la camisa por una seca, me puse la de la carrera Caballo Blanco en honor a él, llenamos las botellas de agua y salimos hacia la meta. «Se va a hacer de noche, no traemos lámpara». Inés consiguió una para los tres. «Vámonos». Salimos hacia los cien kilómetros, la idea de hacía diez meses estaba a punto de hacerse realidad. Once vueltas al Bosque de Tlalpan y ya. Pasamos por un tramo de carretera y luego entramos a un bosque con muchas plantas, todavía había mucha luz. Necesitamos avanzar lo más posible de día. Me empecé a marear... «No puedo». Me dio sueño, me gustaba la idea de poner la cabeza en la tierra y cerrar los ojos, eso quería hacer. Se me bajó el azúcar, tenía escalofríos.

—Nico, dame azúcar.

—Traigo tres barras.

—Dame —me dio una abierta y literalmente me la tragué.

—Dame otra —me la devoré.

—Dame otra —me dio la mitad y me la tragué.

—Voy a guardar esta por si quieres al rato —me dijo.

—Dame la otra mitad —y me la tragué.

Llegamos otra vez a la carretera, ahí estaba Inés esperándonos y me dijo: «¿Qué quieres?» «Azúcar, dame las gomitas que compré ayer». Inés fue al coche por ellas y me las dio, me las metí a la bolsa de los *shorts*, cruzamos la calle y dos voluntarios nos dijeron: «Faltan ocho kilómetros».

La última subida (no contábamos con ella) pronto se iba a hacer de noche. Nico iba adelante "jalándome", poniendo el paso, y Ale conmigo platicándome, dándome ánimos. «Alita, me tengo que sentar». No había piedras, así que me senté en el suelo dándole la espalda a la montaña con las piernas abiertas, saqué las gomitas y me las comí todas, volteaba para atrás a ver a Nico, que me estaba esperando con cara de "Vámonos". Me paré, «vamos por lo último», les dije.

Esta subida es la segunda más grande de toda la carrera, más de cuatrocientos metros (o un edificio de ciento treinta pisos) de ascenso. Nos metimos al bosque, se hizo de noche, vimos a un corredor desorientado, le dijimos que se viniera con nosotros y fuimos formando un grupo de diez personas entre corredores y *pacers*. Llevábamos tres lámparas para todos. Ale traía una y era la última de la fila, yo el penúltimo y Nico el segundo, hasta adelante iba un corredor de India.

La subida seguía, pensé que estábamos perdidos y el corte ya era un factor, el tiempo límite para terminar la carrera es de dieciséis horas y media. El indio iba muy precavido avisando de cada obstáculo: «Raíz, hoyo, escalón, raíz, piedra, hoyo». Dieciséis horas y veinte minutos. No se veía nada, pensaba que no llegaríamos a tiempo a Stinson Beach. «¿Cuánto quieres esta medalla?, dale».

«Ale, dame la lámpara», me la puse y les dije a Ale y a Nico: «Agárrense, vámonos». No quisieron. «Vete tú», me dijeron los dos. Rebasé a toda la fila y aceleré, corrí como si fuera una carrera de cinco kilómetros, casi todo de bajada, confiando en no pisar un hoyo o una piedra. Sólo pensaba «¿Cuánto quieres esta medalla?, dale». Salí del bosque y el camino era ancho y sin obstáculos, con una bajada perfecta para ir rápido; seguí y seguí, llegué a una calle. «¿Cuánto falta?», pregunté. «0.7 millas», hice la cuenta mental muy rápido: 1.1 kilómetros, máximo cinco minutos. Aceleré más, crucé otra calle, la gente me aplaudía. «¿Cuánto falta?», «Trescientas yardas». Entré al estacionamiento y había voluntarios señalando el camino y me aplaudían, seguí corriendo, en la meta estaba Inés —oí su voz—, di la última vuelta a la derecha y ¡cruce la meta! Me agaché y me puse las manos en las rodillas para tomar aire, traía la lámpara en la frente y estaba tan oscuro que Inés no me reconoció a tres metros de distancia, yo la oía platicar con alguien: «¡Es Mario! No, no es Mario». Levanté la cara y le dije: «Sí soy Mario, Inés, lo logramos».

Once minutos después llegaron Ale y Nico, que habían corrido tres horas conmigo ese día y a quienes tuve que dejar abandonados en el bosque sin lámpara. Les debo mucho esta carrera, también a Inés, que manejó todo el día persiguiéndome y ayudándome en todo lo que le pedí y más, y a mí mismo por haber tenido la iniciativa y el valor para pararme en la línea de salida; valió toda la pena.

El martes siguiente en la mañana llevaba a mis hijas al colegio y en el camino Camila me preguntó: «¿Qué dice ese letrero, papá?». «Es el límite de velocidad, Cam, ahí dice que no puedes ir a más de cuarenta kilómetros por hora». «¿Y entonces por qué el sábado tú corriste cien?». «¿Por qué lo hice?», no podía contestar esa pregunta. Me inscribí por impulso y muchas veces me pregunté por qué lo estaba haciendo: ¿porque quería demostrarme a mí mismo que podía?, ¿para inspirar a otros?, ¿por el sentimiento de cruzar la meta?, ¿porque me gusta el reconocimiento de los demás?, ¿por vencer mis miedos?, ¿por estar sano?, ¿por tener una meta? Pero en lo que pensaba, Camila se contestó sola: «Ah, ya sé, corriste cien porque te encanta correr». «Eso espero, Camilita».

CAPÍTULO 10
WESTERN STATES, CIEN MILLAS ES POSIBLE

P rimero ochenta kilómetros, dos meses después, cien. ¿Ahora qué sigue? Western States.

En 1955, Wendell T. Robie y otros cinco jinetes recorrieron con sus caballos el sendero de cien millas de Western States de Squaw Valley a Auburn en California, y probaron que los caballos podían correrlas en un día. Después de esto, Wendell creó la fundación Western States Trail y organizó cada año el Western States Trail Ride, también conocido como la Trevis Cup —cien millas en un día—. En 1974, Gordy Ainsleigh, que había participado y terminado la Trevis Cup en 1971 y 1972, se preparaba para hacerla otra vez pero su caballo se lastimó.; a Gordy se le ocurrió entonces hacerla corriendo; invitó a un amigo y lo llevó al camino de Western States donde recorrieron treinta millas de la ruta. Después Gordy le preguntó a su amigo: «¿Tú crees que yo sea capaz de correr cien millas?», y el amigo le contestó: «No puedo creer que seas tan tonto, no sólo pienso que no eres capaz sino que no creo que exista una persona que lo sea». «Y eso lo hizo más interesante», reflexionó Gordy.

Gordy nunca había participado en un maratón, y en 1974 cuando corrió las cien millas no existían las botellas o las mochilas que hoy se usan para llevar el agua necesaria para la hidratación en un recorrido así. La temperatura en el fondo de los cañones de Western States es mayor a cuarenta grados centígrados; Gordy sólo podía tomar agua de los ríos y sufrió una deshidratación muy fuerte. Cuando llegó al fondo del primer cañón en la milla cuarenta y cinco vio cómo un caballo se estaba muriendo; el jinete lo metió al río para que se refrescara pero el caballo murió de sed y cansancio.

Gordy entendió que, si el caballo había muerto, su vida estaba en riesgo y pensó abandonar la carrera una vez que consiguiera salir del cañón, pero cuando logró subir la montaña decidió seguir. Más tarde, cuando se hizo de noche, pensó que ya no quería que lo rebasaran más caballos y eso, según Gordy, fue lo que hizo que él pudiera terminar la carrera antes del límite de las veinticuatro horas. Cruzó la meta en veintitrés horas y cuarenta y dos minutos, y con eso demostró que el ser humano es capaz de correr cien millas en un día. Fue así como gracias a él no sólo se fundó la carrera de Western States, sino también las carreras de ultramaratón de la era moderna.

En 1975 otro atleta lo intentó y se quedó a dos millas de terminar. En 1976 un corredor más logró terminar la carrera media hora después del límite de veinticuatro horas, y en 1977 catorce atletas participaron en la primera edición oficial de la carrera Western States, Endurance

Run, que se llevaba a cabo al mismo tiempo que la Trevis Cup, es decir, hombres y caballos corrían juntos por la misma ruta.

En las mismas tres paradas en donde estaban los veterinarios que revisaban a los caballos había un doctor para monitorear a los corredores, y lo único que la organización de la carrera le daba a éstos era agua. Ese año tres atletas terminaron: uno en veintidós horas y los otros dos en veintiocho. Es así como nace la idea de la premiación actual de la carrera, en la que se otorga una hebilla de plata a aquellos que logran terminar en menos de veinticuatro horas y una de bronce a quienes la finalizan en menos de treinta.

En 1978, Western States se estableció como un evento independiente y se realiza en junio, un mes antes de la Trevis Cup. Sesenta y tres corredores se inscribieron a la carrera que ahora contaba con veintiún puestos de abastecimiento y seis estaciones de chequeo médico. Ese año Pat Smythe se convirtió en la primera mujer en terminarla con un tiempo de veintinueve horas con treinta y cuatro minutos. Actualmente la inscripción a esa carrera se gana a través de un sorteo al cual se califica corriendo alguna carrera un año antes, la mayoría de las competencias para calificar son de cien millas, aunque hay algunas más cortas que también funcionan.

Con el tiempo los criterios para ser aceptado son cada vez más exigentes, cada año más de dos mil corredores de todo el mundo clasifican pero sólo cuatrocientos son seleccionados para correrla. Dependiendo de la temperatura, entre cincuenta y sesenta y cinco por ciento de los atletas que inician logran terminarla. La inscripción al sorteo es en noviembre, así que tenía que encontrar una carrera antes y me inscribí al North Face Challenge de Atlanta en octubre; es una carrera de ochenta kilómetros que tenía que terminar en menos de once horas para calificar.

CAPÍTULO 11
ME GANÓ LA ANSIEDAD

Ese día me desperté a las cuatro de la mañana en Pine Mountain, Georgia, a una hora y media de Atlanta, para correr mi tercer ultramaratón del año y de mi vida. Nicolás me iba a llevar a la salida que estaba como a diez minutos del hotel, la carrera empezaba a las cinco. Estaba obsesionado con terminarla en menos de once horas para calificar al sorteo de Western States. Parecía una carrera fácil, no tenía tantas subidas como la Tarahumara, se corría prácticamente a nivel del mar y el clima era ideal para correr. El reto de terminar una carrera de ochenta kilómetros o más ya lo había superado, aquí lo único que importaba era hacerlo en menos de once horas. Mi obsesión con la velocidad ese día me hizo tomar malas decisiones desde el desayuno: sólo me comí un plátano y un pan para ir rápido desde el principio. Estaba mejor entrenado que nunca, en los tres meses anteriores había bajado seis kilos haciendo una dieta vegetariana que me había hecho perder peso y también me ayudaba a recuperarme más rápido entre un entrenamiento y otro. En la Tarahumara conocí a varios ultramaratonistas vegetarianos y quise hacer la prueba.

Cada semana entrenaba cinco o seis veces y completaba alrededor de cien kilómetros, la gran mayoría en la montaña, y los fines de semana por lo regular hacía treinta kilómetros el sábado y treinta el domingo. Los jueves eran los días más pesados, iba a la pista y hacía repeticiones de mil, dos mil y tres mil metros. Como ya dije, parecía una carrera accesible para hacer en menos de once horas, pero al revisar los resultados del año anterior me llamó la atención que hacer menos de once horas implicaría quedar en los primeros treinta lugares de la carrera (de doscientos corredores), ese no era un lugar para mí, las dos carreras de ochenta y cien kilómetros que había corrido las había terminado en los últimos lugares. Ahora estaba mejor preparado y me convencí de no preocuparme por eso, simplemente iba a hacerlo, estaba seguro y no tenía miedo.

Llegué al *lobby* del hotel a las cuatro horas con quince minutos y apareció Nico con su cara de dormido, me iba a llevar a la salida de la carrera y luego iba a regresar por Ale e Inés que ese día iban a correr a las siete de la mañana su primera carrera de cincuenta kilómetros en el mismo lugar en donde yo estaría corriendo la de ochenta. Llegamos a la salida y yo no quise dejar una *drop bag*, la mochila que te entregan a la mitad del camino para que dejes cualquier cosa que necesites. Además salí a correr con una playera de manga corta y una botella de agua en la mano en lugar de dos, quería estar lo más ligero posible y sólo pensaba en dos cosas: once horas y Western States. La salida de la carrera era en un parque del tamaño de una cancha de futbol, estaba muy obscuro y no hacía frío, al contrario, la temperatura era de tal vez veinte grados, un poco caliente para correr y más para esa hora. También había mucha humedad, antes de arrancar yo ya estaba sudando. La persona que hablaba en el micrófono era Dean Karnazes, aquel famoso corredor que escribió el libro que leí antes de correr mi primer ultramaratón. Él dijo:

—Levanten la mano los del estado de Florida —y unos diez corredores levantaron la mano.

Pensé que iría estado por estado, pero no, sólo les dijo a ellos:

—Ustedes no van a poder con esta carrera porque en su estado no hay montañas —y se rio.

La carrera arrancó a las cinco de la mañana en punto, corrimos todo el parque y entramos al bosque, la oscuridad debajo de los árboles era total y muy pronto me di cuenta de que esta carrera era una trampa, no era tan fácil como parecía, primero por el calor, pero sobre todo por algo que no había tomado en cuenta: las piedras, todo el piso estaba cubierto de rocas, lo que la definía como una carrera técnica, o sea, que hay muchas cosas con las que te puedes tropezar, por eso no muchas personas la hacen en menos de once horas, pero yo seguía determinado a lograrlo. Había más piedras que tierra durante todo el camino, yo estaba bien entrenado para eso, en el Desierto de los Leones hay tramos complicados por los que yo pasaba dos o tres veces por semana.

Ahora era mentalmente más flexible para eso, atrás habían quedado los días de las pistas de atletismo y las calles en las que podía correr sin tener que bajar y subir muchas veces la banqueta. La dificultad de correr en un terreno lleno de rocas durante la noche es que tienes que ir viendo dos cosas a la vez: el piso alumbrado por la lámpara que traes en la frente y el camino indicado por luces fosforescentes que cuelgan de algunos árboles.

Empecé corriendo en medio de un grupo de cinco, por lo que sólo tenía que ver el piso y seguirlos, confiaba en que ellos iban a ver las luces de los árboles que indicaban la ruta. Mi pulso estaba un poco por arriba del plan que había hecho con Chi para esta carrera, tenía ciento cincuenta y cinco en lugar de ciento cuarenta y cinco pulsaciones por minuto; me justificaba pensando que era mejor ir con el pulso alto e ir en medio del grupo en lugar de solo, pero la verdad me estaba ganando la ansiedad... «Once horas».

A pesar de las piedras, la oscuridad y las subidas, casi no caminamos hasta el primer puesto de abastecimiento en el kilómetro ocho. Cruzamos algunos ríos, entre el calor y la humedad yo ya tenía los *shorts* y la playera empapados. Llegando al abastecimiento solo llené la botella de agua y me comí medio plátano y media papa, prácticamente no paré. Dejé atrás a los corredores con los que venía y salí hacia la segunda estación, «una hora con un minuto». Llevaba un buen paso para hacer once horas, ahora venía sólo con otro corredor, yo adelante y la complicación de ver el piso y la ruta al mismo tiempo, el ritmo seguía intenso: once horas. «Once horas, voy muy bien». Diez o quince minutos después, es decir, más o menos en el kilómetro diez, pisé algo, un hoyo o una piedra, me torcí el tobillo muy fuerte, traté de seguir, di tres o cuatro pasos pero no podía. «Esto no está pasando», el que iba atrás de mí me dijo: «Vamos, te espero», y le dije que se fuera, no podía.

Pensé que la mejor decisión era caminar hasta el amanecer para que se recuperará mi tobillo y para no arriesgarme a pisar otra piedra; empecé a caminar, voltee para atrás y no distinguí ninguna lámpara de otro corredor. «¿Estoy perdido?», pronto vi una de las luces fosforescentes y vi que iba bien, pero en lugar de seguir caminando empecé a trotar otra vez. «Once horas, once horas». Luego me alcanzaron dos corredores y volví a acelerar, es mejor que ir solo ¿no? Ya no me dolía tanto pero pensé que si pisaba una piedra más era el fin de la carrera para mí; es como jugar un partido de futbol de defensa y ser amonestado en el primer minuto. Setenta kilómetros por delante y ya no había espacio para errores. «Once horas, once horas».

En el camino, de ahí al segundo puesto de abastecimiento pisé mal dos o tres veces más, dolía, pero: «Once horas, once horas». También pateaba piedras sin querer con la punta del pie, con las uñas de los dedos gordos, de esas hubo más de veinte en las que dije cualquier cosa entre: ¡*Auch*! y ¡Chingue a su puta madre esa pinche piedra! Esto siguió hasta que amaneció, dos horas y media después de haber empezado la carrera. Llegando al tercer puesto de abastecimiento ya era de día. Tenía el tobillo golpeado pero podía seguir, y ya no había tanto riesgo de pisar mal porque de día obviamente se ve mejor, era el kilómetro veintiséis, iba en el lugar ¡veinte de la carrera! Tres horas con diecisiete minutos; ya había pasado un tercio de la carrera e iba por el objetivo de once horas, decidí bajar el ritmo y compensar un poco el arranque rápido.

Ahora hacía mucho calor pero estábamos en la parte alta de la montaña y había mucho viento, por lo que el calor no se sentía tanto; ocho kilómetros más hasta el siguiente puesto de abastecimiento, después la parte más pesada de la carrera, un trayecto con muchas subidas que me llevaría a la estación del kilómetro cuarenta y cinco y estaría ahí Nicolás esperando para acompañarme a terminar la carrera. En esos diecinueve kilómetros, contrario a lo que yo pensaba, siguieron las malas pisadas y las patadas a las piedras. La falta de comida me empezó a pesar, tenía hambre; bajé un poco el ritmo, algunos corredores me rebasaron pero todavía iba en el paso para lograr el objetivo: once horas.

Llegué al kilómetro cuarenta y cinco en seis horas con quince minutos, muy justo para terminar en once horas, pero ahora venía la bajada e iría acompañado por Nico. Ya había pasado la parte pesada de la carrera y además en ese momento ya me sentía bien, todavía soportaba el tobillo. Había mucha gente en esa estación, hacían mucho ruido cuando entraba un corredor —en este caso yo—, parecía que iba ganando en las Olimpiadas. Buscaba a Nico, no lo veía entre tanta gente. Llené mi botella de agua mientras llegaba, «Tal vez fue al baño». Lo esperé unos minutos pero nunca llegó. «Pinche Nico, ¿dónde estás?». Más tarde supe que Nicolás había decidido seguir a Ale y a Inés en su carrera de cincuenta kilómetros y pensó que yo me las podía arreglar solo en la mía. No tendría a mi *pacer*, tenía la ilusión de ir platicando en los últimos treinta y cinco kilómetros pero no fue así, me faltó esa inyección de ánimo, ni modo, estaba solo. «A darle». Ya era casi medio día, el calor ahora era muy fuerte y húmedo, se sentía como un clima de playa, ahora iba por una vereda al lado de un río, las piedras estaban muy resbalosas por la humedad. Las piernas ya no responden igual después de cincuenta kilómetros; pisé una roca grande y se me patinó el pie, ya no pude reaccionar y me caí hacia atrás, alcancé a meter la mano derecha con la botella de agua que sirve muchas veces para amortiguar las caídas. Acabé acostado boca arriba entre dos piedras como si fuera un sillón reclinable; me dolía la muñeca derecha, la vi y estaba morada por el golpe. Me sentía muy cansado y los árboles enfrente de mí parecían alejarse.

Antes de levantarme tomé agua y respiré profundo. Empezó mi peor momento en la carrera: tenía hambre, estaba mareado y seguían las patadas y malas pisadas sobre las piedras. Ya no corría a mi paso normal, cuando llegaba a algún tronco o roca me acomodaba para brincar con el pie izquierdo y caer con el derecho, ya no me atrevía a caer sobre el tobillo izquierdo que me había torcido en la mañana. Por ahí nos cruzamos con los corredores de la carrera de cincuenta kilómetros, me sentía muy mal y busqué a Ale, necesitaba verla para que me levantara el ánimo. No la vi. Llegué al puesto de abastecimiento del kilómetro cincuenta y tres muy mal, tanto que ahí me preguntaron cómo estaba: «¿Cuántos dedos ves en mi mano?», me preguntó alguien y llamaron al doctor. El médico de la carrera me preguntó si podía seguir y le dije que sí.

Los siguientes ocho kilómetros fueron muy difíciles, me empezó a doler la rodilla; la semana siguiente el doctor me dijo que por tratar de proteger el tobillo forcé de más la parte externa de la pierna y eso hizo que se me inflamara la rodilla, y no pude correr durante tres semanas. Me senté dos veces durante el camino y cuando iba corriendo seguía pateando piedras. Cien metros antes de la estación Fox llegué a considerarlo por primera vez —abandonar—. Que difícil decisión, después de meses entrenando y a dieta para esta carrera…, tomar la decisión de no hacerlo, no concluir el proyecto.

Sed, hambre, calor, estar muy mareado, golpes en la muñeca, tobillo, espalda, rodilla inflamada y uñas de los pies moradas… ya no lo estaba disfrutando, me faltaba motivación, era la derrota. Llegando al kilómetro sesenta de la carrera el camino me había vencido, aunque no fue el dolor o las incomodidades que tenía, fue abrir un segundo mi mente a la posibilidad de rendirme y con eso bastó. Es muy peligroso pensar en esas condiciones. Ya no estaba listo para otra batalla de ocho kilómetros sobre las piedras antes de la siguiente estación, quería comer, sentarme y descansar. «No te retires todavía, tienes mucho tiempo, siéntate y piénsalo bien», me dijeron en la estación mientras me acercaban una silla.

Llevaba nueve horas corriendo, tenía cinco más para hacer los últimos veinte kilómetros antes del límite de catorce horas, me podía ir caminando y acabar. Empecé el día con la idea de correr la carrera en menos de once horas para calificar en el sorteo de Western States, ese era mi objetivo y ya no lo iba a lograr, pero todavía podía terminar los ochenta kilómetros.

Diez años antes me había regresado la necesidad de correr un maratón, mi segundo; poco a poco había ido perdiendo el estatus de *rockstar* que sentí después de correr el primero porque cada vez más gente que conocía había corrido uno. Correrlo por primera vez tuvo muchas consecuencias en mi vida pero creo que fueron dos principales: por un lado me subió la autoestima, el hecho de correr cuarenta y dos kilómetros te hace pensar que puedes lograr otras cosas como pasar una materia difícil en la universidad, conseguir el trabajo que te propones o lograr que te haga caso la niña que te gusta; por otro lado aumentó mi ego, me hizo sentir especial y con eso tal vez tapé u olvidé mis inseguridades de esa época y también seguramente me hizo parecer arrogante en algunas pláticas. El beneficio de la autoestima continúa pero el del ego se va perdiendo, y yo creo que pensé que era hora de recuperarlo.

Ale y yo llevábamos un año y medio casados cuando regresó mi necesidad de correr el maratón, unos amigos estaban organizando ir a Nueva York y nosotros íbamos a ir con ellos. El Maratón de Nueva York había crecido mucho en esos siete años, ahora las inscripciones eran por sorteo y varios amigos nos inscribimos. Ale salió sorteada y yo no, así es que tuve que comprar mi número en una agencia de viajes. De todos los que íbamos a ir sólo yo había corrido el maratón, así es que yo era el de "la experiencia"; me preguntaban cómo era la carrera, cómo entrenar, qué tenis usar y varias otras cosas. «¿Por qué quería correr otra vez ese maratón si ya lo había hecho?». En el maratón hay una cuestión muy rara entre los corredores que es el tiempo, hay una obsesión con él, parece que si lo corres en tres horas y cincuenta y nueve minutos eres un superhéroe, pero si lo corres en cuatro horas con un minuto no sabes correr. Hacía siete años, después de "chocar contra la pared" por deshidratación, terminé el maratón en cuatro horas con quince minutos, por lo que pensaba que ahora, con esa experiencia, fácilmente podría terminarlo en menos de cuatro horas, total, sólo tenía que tomar agua ¿no?

Un mes antes de irnos, Ale pensó que estaba embarazada y se fue a hacer unos análisis a un laboratorio. Yo fui a recoger los resultados y decían: "Si el número es mayor a cuatro está embarazada", y el número era algo como 456,789, o sea que sí. ¡Ale y yo íbamos a ser papás! Nuestra emoción era grandísima y ella ya no iba a poder correr el maratón, pero claro que iba ir a verme. Y ahí estábamos otra vez, abajo del puente Verrazano, en el mismo lugar en el que había estado siete años antes con Nico, sólo que ahora ¡hacía calor! Así como Nico y yo nos estábamos helando sentados en ese pasto, esta vez todos estábamos en *shorts* esperando a que empezara el maratón.

Como hacía calor y yo sabía que eso iba a hacer la carrera más lenta, en lugar de correr a cinco minutos por kilómetro para terminar en tres horas y media, decidí correr a cinco y medio minutos por kilómetro para terminar en tres horas con cincuenta minutos, total, mi ego-meta era hacerlo en menos de cuatro horas, tres horas con cincuenta y nueve minutos estaría muy bien.

Comenzamos el maratón, esta vez lo corrí con Alfonso, mi cuñado, a él no lo perdí como a Nico la vez anterior; corrimos juntos todo el tiempo y yo le explicaba lo que iba a pasar. Entrando al ruido de Manhattan vi a Ale esperándome ahí; subí por la Primera avenida hasta el Bronx y Alfonso se quedó atrás. «Tú vete», me dijo. Llegando a Central Park, más o menos por donde vi a la señora con los dulces, siete años antes, me empecé a sentir mal, estaba deshidratado otra vez. Ahora sí había tomado agua y Gatorade, pero por lo visto no lo suficiente, y vi que ya no iba a acabar el maratón en menos de cuatro horas, tal vez cuatro horas con cinco minutos. Se me paralizaron las piernas, me odié. «¿Cómo es posible que no lo voy a terminar en cuatro horas?»

Caminé, después me salí de la carrera y empecé a andar por atrás de la gente que está viendo el maratón. Vi pasar a Alfonso con mi prima, pensé en irme con ellos pero no pude arrancar. Después me metí a la carrera otra vez, dos amigos más me rebasaron y crucé la meta en cuatro horas con veinte minutos. Esta vez no estaba feliz, no traía dinero para pagar un taxi, me acosté en el pasto y pensé en dormirme ahí hasta el día siguiente, no sólo estaba cansado sino muy decepcionado, no es broma, así de tonto era mi sentimiento por haber acabado una carrera veinte minutos más tarde de lo que pensaba. Pasó una amiga por ahí y le pregunté si traía dinero. «Sí», era mi única oportunidad para irme en taxi al hotel, entonces me levanté y me fui con ella. Al otro día me desperté y sentí como si alguien se hubiera muerto, mi ego estaba deshecho. «¿Cómo pude haber sido tan idiota para cometer el mismo error siete años después?».

No quería hablar del maratón al regresar a México, cuando me preguntaban cómo me había ido cambiaba el tema. Había acabado un maratón, pero lo que me hizo tan feliz la primera vez ahora me decepcionó, sentí que no había logrado nada, esa carrera para mí había sido una pérdida de tiempo, hubiera preferido no ir. En serio, así me sentía. Ahora ahí, sentado en una silla en el kilómetro sesenta tenía el mismo sentimiento que en ese maratón cuando me di cuenta de que iba a hacer más de cuatro horas, «No aprendo». Viendo el camino hacia la siguiente estación, mientras pensaba qué hacer me quedé dormido. Cuando me desperté unos minutos después seguía sentado en esa silla de metal, estaba mareado y tenía mucha hambre. Vi un letrero enfrente de mí que decía: "Siguiente estación 4.9 millas"; después de esa estación había otra y después el final de la carrera.

Pensé todo otra vez, me faltaban veinte kilómetros para terminar, ya no iba a hacer menos de once horas para lograr la calificación al sorteo de Western States, pero tranquilamente podía caminar hasta la meta y terminar dentro del límite de tiempo de catorce horas. Tenía golpes en el tobillo, y la muñeca morada por la caída. Era el momento de decidir si continuar o no. "¿Qué pasa si me quedo aquí, si abandono la carrera, me retiro, me rindo?". Entonces lo que sentí fue miedo, miedo a decepcionarme, "¿De verdad no puedes?", miedo a decepcionar a la gente que estaba pendiente de la carrera y que me habían mandado mensajes el día anterior, "¿Qué van a pensar? ¿Qué voy a decir? Tengo que seguir. Pero no podía, tenía mucha hambre y me sentía frustrado por no poder hacerlo en menos de once horas y por quedar fuera del sorteo de Western States.

—Me retiro —les dije.

—Ok, ¿quieres que llame a alguien para que venga por ti?

—Sí, por favor.

Pasó por mí una señora en una camioneta, me senté adelante, qué bien se sentía el aire acondicionado e ir sentado, sólo pensaba en comer, tenía mucha hambre. Llegando a la meta pedí mi comida, me senté en el pasto y me la tragué como cavernícola, después pude ver a Ale llegar a la meta con Inés, se veían muy contentas. Ale terminó su primera carrera de cincuenta kilómetros, la recibí en la meta, ella estaba feliz y yo muy orgulloso.

Al otro día, cuando me desperté, lo primero que pensé fue: «¿Qué hice ayer? ¿Cómo me retiré?». Al levantarme, mi rodilla me recordó en parte la razón o el pretexto, pero tenía esa sensación de insatisfacción y de decepción por no haber hecho mi mejor esfuerzo. Western States iba a tener que esperar un año más.

CAPÍTULO 12
LEADVILLE, EL MONSTRUO

"En Leadville te vamos a enseñar que eres mejor de lo que crees y que puedes hacer más de lo que piensas que puedes hacer".
Ken Chlouber, fundador de la carrera de Leadville 100.

Cuando regresamos de Atlanta no pude correr como en tres semanas porque seguía con la rodilla inflamada, Ale pensó que esto de los ultramaratones había terminado, pero yo todavía quería más; no podía ir a Western States pero ahora quería correr cien millas, esa distancia es la gran meta del ultramaratón y había otra opción igual o mejor: Leadville, "la carrera a través del cielo", el lugar donde Caballo Blanco conoció a los tarahumaras y empezó su increíble historia.

Leadville está en Colorado y, como mencioné en otros capítulos, es parte del Grand Slam del ultramaratón junto con Wasatch Front en Utah, Western States en California y Vermont que se corre en ese estado. Las cuatro carreras se corren en el verano, Leadville es en agosto. Para inscribirte a Leadville no hay ningún requisito excepto "estar loco", dicen ahí. Cada carrera tiene su dificultad particular, en Western States es el calor, en Leadville es la altitud, por lo tanto, la falta de oxígeno, y que hay que hacer el ascenso a Hope Pass dos veces.

Leadville se fundó a finales del siglo XIX, era un pueblo minero donde primero buscaron oro, después encontraron plata y finalmente zinc, pero a finales de los años cincuenta la mina ya no era negocio y Leadville se convirtió en un pueblo de vicios, bares y prostíbulos visitados por militares de una base cercana. En 1983, Kenneth Chlouber organizó una carrera para poder traer ingresos al pueblo y hasta hoy ese sigue siendo el objetivo al atraer a muchas personas durante el año con diferentes competencias, tanto de atletismo como de ciclismo.

Para hacer esta carrera atractiva y que mucha gente fuera, Ken no organizó un maratón cualquiera, él conocía la historia de Western States y pensaba que podía hacer algo parecido, pero combinado con los tres mil doscientos metros de altitud de Leadville; lo que acabó creando no fue una carrera sino un monstruo, como lo dicen en *Nacidos para correr*, donde la describen más o menos así: "Imagínate correr dos veces seguidas el maratón de Boston con un calcetín en la boca y después subir hasta la cumbre de Pikes Peak. ¿Terminaste? Muy bien, ahora hazlo todo otra vez pero ahora con los ojos cerrados. El arranque de la carrera de Leadville está al doble de la altura a la que los aviones presurizan la cabina y a partir de ahí solamente subes". Dicen que cuando Ken le platicó al administrador del hospital local su idea éste le dijo: «Estás loco, vas a matar a alguien». «Bueno, y entonces nos haremos famosos, ¿o no?», contestó Ken.

Cuando empecé a correr otra vez conocí a Toño García, nos presentó un amigo en común. Toño también es de los corredores que empezaron en la tienda de avenida San Antonio con los consejos de Luis Guerrero; él también se la pasaba dando vueltas en el Desierto de los Leones pero nunca nos habíamos visto. Desde ese día entrenamos juntos. Ese año él iba a hacer doce maratones y ya sólo le faltaban dos o tres. Ahora éramos dos en esto, compartimos rutas que cada uno había descubierto y empezamos a buscar otras. En esa época también comenzamos los recorridos en la noche, cada luna llena subíamos la montaña hasta arriba, es espectacular, con la luz de la luna parece de día, no se necesita lámpara. Para acabar el año fui a dos carreras al Iztaccíhuatl con unos amigos y otra al Chico, Hidalgo; es la única a la que he ido con mi papá hasta hoy. Pasé la noche de Año Nuevo enfrente de la computadora esperando a que se abrieran las inscripciones para la cerrera de cien millas de Leadville hasta que me quedé dormido, pero nunca las abrieron; al otro día me desperté y fue lo primero que hice, ¡ya estaba adentro! Ahora venían ocho meses de muchos kilómetros de preparación para "el monstruo".

CAPÍTULO 13
LA MONTAÑA ME VACIÓ

Para ir a Leadville haría varias carreras de preparación, empezaría con tres seguidas dejando dos semanas entre cada una: Cima a Cima (cincuenta kilómetros), las doce horas nocturnas y los ochenta kilómetros de Caballo Blanco. Correr para mí ahora era distinto, el gimnasio con aire acondicionado cambió por el sol, el frío, la lluvia y la nieve de los bosques y las montañas. Las pistas de atletismo y las calles con pocas banquetas cambiaron por hoyos, piedras, ríos, raíces, plantas y espinas. La música de mi iPod cambió por los ruidos del bosque, y los entrenamientos fueron modificándose por la rigidez de las repeticiones, pulsos y tiempos a un "a ver qué pasa hoy". Los planes de carrera cambiaron de tiempos parciales y pulso promedio a:

"¿Qué voy a comer? ¿Llevo o no chamarra? ¿Cuántas pilas necesito para la lámpara?".

Cima a Cima me parece una carrera difícil, son cincuenta kilómetros desde el pueblo de Tres Marías que está camino a Cuernavaca en el sur de la Ciudad de México hasta la cabaña del Zarco, en la carretera rumbo a Toluca en el poniente de la ciudad. Para ponerlo en contexto, yo creo que el esfuerzo para terminar Cima a Cima debe ser como cincuenta por ciento más que un maratón, es decir, alguien que puede terminar un maratón en cuatro horas aquí se tardaría seis. Yo conocía tramos de la carrera que había hecho en diferentes días en entrenamientos, así es que no sería una sorpresa para mí; estaba confiado y menosprecié la carrera, si yo ya había corrido cien kilómetros, ¿qué eran cincuenta? Dos días antes fui a donar sangre y aunque no pude hacerlo porque llegué tarde eso es un ejemplo de lo que pensaba de esta carrera de cincuenta kilómetros.

Nunca había tenido una uña enterrada y dos semanas antes me empezó a molestar la del dedo gordo del pie izquierdo; en los entrenamientos me cuidaba de no patear alguna piedra porque me dolía mucho pero me había negado a ir al podólogo; primero porque siento que tengo vocación de podólogo, ¡ja!, y me corto las uñas, y segundo, porque no estoy acostumbrado a ir al doctor, casi nunca voy.

A esta carrera fui con Toño, llegamos a Tres Marías temprano, el arranque iba a ser a las ocho o nueve de la mañana y la temperatura era de menos dos grados centígrados, eran los primeros días de febrero y Tres Marías tiene una altitud de dos mil ochocientos metros sobre el nivel del mar. Había puestos de abastecimiento cada doce kilómetros y medio, y decidí correr solamente con una botella de agua en lugar de dos para ir más ligero. En el kilómetro veinticinco la carrera pasa por la carretera del Ajusco y es el único punto donde te pueden ayudar en caso de que quieras retirarte. Unos kilómetros antes de llegar al Ajusco se me acabó el agua, ya no hacía frío como en Tres Marías, el sol estaba a todo y hacía mucho calor; corrí como cuarenta y cinco minutos con sed; traía un chocolate en la bolsa y me lo comí intentando conseguir algo de líquido de donde fuera, y también la uña me estaba matando, traté de cuidarme al principio de la carrera, de no patear alguna piedra, pero ahora ya me dolía nada más por pisar. Al llegar al kilómetro veinticinco Toño me estaba esperando en el puesto de abastecimiento, en teoría esta carrera la íbamos a hacer juntos, platicando y sin sufrir, pero para mí ya era un infierno. Llegué al puesto y empecé a tomar Coca-cola, jugo, agua, otra vez Coca-cola, lo que fuera.

—¿Cómo vas? —me preguntó Toño.

—Muy bien —contesté.

Aunque en realidad lo que le que decir era: «No manches, me estoy muriendo, me deshidraté y ya no aguanto la uña». Como ya comenté, en ese punto la carrera cruza la carretera del Ajusco y es el único lugar en el que te puedes retirar y te pueden llevar en coche a la meta, pero eso no estaba en mis planes. Arrancamos hacia la segunda mitad y pensé: "Ya no hay regreso". A partir de ahí cada paso con el pie izquierdo fue un martirio y de la deshidratación es difícil recuperarse, así es que tuve sed hasta el final de la carrera, me acababa el agua de la botella mucho antes de llegar al siguiente puesto de abastecimiento.

Las subidas son pesadas y eso no necesita mucha explicación, pero ahora el problema para mí eran las bajadas, cuando la uña de mi dedo gordo tocaba la parte de adelante de mi tenis, o si pateaba una piedra involuntariamente sentía escalofríos. La última parte de la carrera es una recta de unos cinco o seis kilómetros con una ligera pendiente hacia arriba en la que no se ve el final, es como un túnel de árboles, desesperante; yo ya no aguantaba la uña ni la sed, Toño iba esperándome, pero siempre como cincuenta metros adelante, así es que no platicábamos. Teníamos que ver un señalamiento a la derecha que nos llevaría por una bajada como de un kilómetro hasta la meta.

Empecé a contar los pasos, contaba del uno al cien (tomando en cuenta que cincuenta de esos los hacía sobre la uña enterrada) y levantaba la cara para ver si ya se veía la bajada, pero nada, el paisaje no cambiaba, puros árboles, yo creo que hice eso unas veinte veces hasta que vi a Toño parado, y me dijo: «Aquí es», llegamos. Cuando crucé la meta me sentía vacío, limpio, como si acabara de nacer, fue tanto el dolor durante el camino que ahora experimentaba una humildad grande y mucha paz; Ale y mis hijos nos habían ido a recibir a Toño y a mí, yo sentía un agradecimiento muy grande con ellos por estar ahí.

—¿Vamos a comer a casa de mis papás?

—Claro que sí Alita, pero no puedo manejar.

Todo me parecía bien. En la tarde hablé por teléfono con Nico, le platiqué de la carrera y me preguntó por qué si en el kilómetro veinticinco me dolía tanto la uña y estaba deshidratado no me había retirado. «No sé, Nico, pero estuvo bien porque el aprendizaje fue en la segunda mitad». «Mario, también hubiera estado bien salirte en el kilómetro veinticinco, era otra opción».

No era suficiente una carrera de cincuenta kilómetros a campo traviesa a una gran altitud y con subidas muy pesadas, NO, además la tuve que hacer deshidratado y con la uña enterrada para sentirme bien. Me di cuenta de que resistir el dolor para mí era un valor, es decir, cuanto más dolor pudiera soportar me sentía mejor persona. Eckhart Tolle dice: "El sufrimiento es necesario hasta que te das cuenta de que es innecesario". Creo que es lo que aprendí en esa carrera, y ahora en mi vida trato de evitar "el camino de las uñas enterradas". El lunes fui por primera vez en mi vida a un podólogo, me lo recomendó Nico y me arregló la uña en menos de tres minutos, saliendo de ahí me dieron ganas de bailar, estaba feliz. A fin de cuentas hice las dos cosas: corrí los cincuenta kilómetros y fui al podólogo, aunque no lo hice en el orden correcto; esa vez escogí hacer esa carrera con las uñas enterradas; me fui por el camino difícil.

CAPÍTULO 14

NO TODO ES LO QUE PARECE

Habían pasado menos de dos semanas desde que fui al podólogo y llevaba dos horas siguiendo un círculo de luz en el piso, hacía mucho frío en la brutal subida del cerro de San Miguel en el Desierto de los Leones. Era la carrera nocturna de doce horas de "Sólo para salvajes". Inicia a las siete de la noche y termina a las siete de la mañana, toda la carrera menos la última media hora se corre de noche, por lo que es necesario usar una lámpara en la frente y esa era la luz que yo estaba siguiendo. Me inscribí a esta carrera principalmente para sentir lo que es correr sin dormir en mi preparación para Leadville en agosto. Hay historias de corredores que tienen alucinaciones en la noche por el cansancio, algunos de ellos me lo habían platicado personalmente y de otros lo supe por libros o artículos que leí.

El camino está lleno de hoyos y piedras, y de noche es muy complicado ver dónde poner el pie para dar el siguiente paso, más aún con la respiración en el frío ya que en cada exhalación se hace una nube que, alumbrada por la lámpara, nubla la vista por completo, así que empecé a soplar hacia un lado para que esto no ocurriera. La primera vuelta es de veintiocho kilómetros hasta el mirador del cerro de San Miguel y fue en esa subida cuando me acordé por primera vez de Duncan Orr. Un año antes exactamente nos conocimos en la Sierra Tarahumara, él iba con su esposa Anna y yo con Ale. Anna, Duncan y yo corrimos nuestro primer ultramaratón esa vez y además los cuatro hicimos una buena amistad en la semana que estuvimos juntos en Urique.

—¿Cómo te llamas?

—Danken —me dijo con su acento.

—¿Eres alemán?

—No. Duncan, soy australiano.

Esa vez Anna, Ale, Duncan y yo nos quedamos en el mismo hotel e hicimos la mayoría de las comidas juntos, ellos dependían de nosotros para pedir su comida porque no hablaban español. Antes habían estado en la Ciudad de México y después iban a ir a Cancún, les gustaba mucho México. Se habían casado hacía solamente unos meses.

Cuando crucé la meta de los ochenta kilómetros de Urique ellos fueron los primeros a los que vi, y como dicen en los ultramaratones: "Lo que hay que hacer al cruzar la meta es abrazar al primero que esté enfrente". ¡Lo logramos!

Ese día en la mañana me llegó un mensaje con una noticia del periódico: "Soldado australiano muerto en Nueva Zelanda". Así de fácil. Duncan fue atropellado por un camión mientras caminaba en la noche al lado de una carretera. Lo siento, Anna. "La vida es injusta, otra buena persona llamada de regreso antes de tiempo", decía otro de los mensajes que recibí. Esto pasó exactamente dos semanas antes de regresar a la Tarahumara. Al momento de enterarme estaba con mis hijos en un paseo de su escuela con varios de sus amigos y sus papás. Me dio mucha tristeza por él y por Anna, pero como casi siempre hago en estos casos, me tragué la emoción, tenía ganas de llorar pero ni modo de hacerlo enfrente de todos.

En la carrera, cuando el cansancio y el sueño hacen que ya no controles tus pensamientos, me acordaba de Duncan y me daba tristeza, me hacía sentir débil, pero trataba de olvidarme de eso y volvía a concentrarme en el círculo de luz en el piso, la respiración y sobre todo el lugar en donde iba a poner el pie en el siguiente paso. Llegamos hasta arriba, nunca había estado en el mirador, un logro más para mí esa noche: catorce kilómetros y ahora a bajar. Dos kilómetros adelante empieza la bajada que ya conozco, la he hecho muchas veces, sé por cuál lado bajar y por dónde hay menos piedras; rebasé a varios corredores y al llegar hasta abajo vi el reloj: 00:26. Normalmente hago esta bajada en veinte o veintiún minutos y la he hecho en diecisiete, sin duda, es más tardado cuando no ves.

Terminé la primera vuelta de veintiocho kilómetros en cuatro horas; no hay porra ni amigos ni nada, el juez anota tu tiempo y otra vez a correr. Pensé en retirarme, hacía demasiado frío y ya había corrido cuatro horas. Lo siguiente era hacer vueltas de quince kilómetros hacia la Pila hasta el amanecer. Decidí hacer una, se me quitó el frío pronto. Cuando iba a llegar al kilómetro 7.5 para regresar me empezaron a doler las piernas, una sensación como de cuerpo cortado, no me la estaba pasando bien. Me alcanzó Iñaki, a quien conocí ahí en la carrera, y me dijo que esta era su última vuelta. «Creo que la mía también».

Llegamos al puesto de abastecimiento y llenamos las botellas de agua, a los cinco minutos empecé a sentirme bien y la dije a Iñaki: «Ahora sí, aquí nos amanece». Terminamos la vuelta e Iñaki decidió irse a su casa, yo no lo quise ni pensar, llené mi botella de agua y me subí otra vez. «Treinta kilómetros más», me sentía muy bien, creí que iba a ser fácil. Diez kilómetros después, al empezar la bajada para terminar la tercera vuelta (cincuenta y seis kilómetros) seguía viendo el piso con la lámpara y empecé a notar ratones que subían y pasaban entre mis pies, no me daban miedo ni me preocupaban, pero eran muchos y al final también pasaron junto a mí dos perros. Empezaba la lucha contra el sueño, finalmente terminé la vuelta a las cuatro y media de la mañana (cincuenta y ocho kilómetros). Me tomé un Red Bull y me comí un sándwich caminando en la subida hacia los últimos quince kilómetros, el sueño era insoportable. Subí hasta la Pila y llegando me acordé de que Ale iba a llevar a mis hijas al último puesto de abastecimiento, ellas me iban a acompañar en los últimos ocho kilómetros de la carrera. Me daba ilusión verlas pero ahora no me parecía tan buena idea que estuvieran ahí, ¿qué iba a hacer con ellas? Me estaban esperando en una casa que está junto al puesto de abastecimiento. Lucía y Camila han corrido conmigo, ¿pero Pía? Seguro la iba a tener que cargar, eso iba a estar complicado, yo ya estaba muy cansado. «Tomo agua en el puesto de abastecimiento, paso por ellas y nos regresamos. ¿Y si también tienen sed? Mejor paso por ellas, todos vamos a tomar agua y nos regresamos. Perfecto».

Esta vuelta era un poco diferente, en lugar de seguir todo derecho por la Pila iba por un camino paralelo que llegaba a un pueblo, poco a poco me fui acercando y lo empecé a ver. El camino llegaba a lo que parecía que era la calle principal, a lo lejos ya podía ver las casas de color blanco, la luz de la calle estaba prendida y era amarilla, muy tenue, apenas lo podía ver pero cada vez lo tenía más cerca. Estaba cansado, por lo que decidí caminar en las subidas y correr en las bajadas, pero la ruta hacia el pueblo era pura subida, así que me aburrí y empecé a correr otra vez. Me acordaba sin querer de Duncan y eso pasaba una y otra vez, no se me salía de la cabeza, era como si ya hubiera perdido el control de mi mente y no pudiera impedir que saliera la tristeza que me había tragado en la mañana cuando me enteré de su muerte. Esa tristeza hacía que se me debilitaran las piernas, trataba de cambiar la emoción por enojo o por odio, pensaba que la vida no era justa y pensaba en Anna sola; eso me hacía correr rápido por algunos metros y me concentraba en la luz de mi lámpara otra vez, en el círculo blanco del piso. El pueblo se seguía viendo a lo lejos, empecé a oír a los lados a gente cortando árboles, volteaba para tratar de verlos pero mi lámpara no alumbraba lo suficiente y no distinguía nada pero los seguía oyendo, eran muchos porque los oí por varios minutos. «Qué mal que se aprovechen de la oscuridad para cortar los árboles».

Cuando veía un corredor que venía de frente lo saludaba o le decía: «Vamos». Vi una lámpara de frente y me paré para saludarlo, cuando lo tuve cerca de mí vi que no era un corredor, estaba vestido de traje, tal vez un borracho que venía de alguna fiesta del pueblo, él traía un palo en la mano y cuando me acerqué hizo como que me iba a pegar con él, por suerte el camino era ancho, corrí rápido y me pude quitar. «No sé qué hace él aquí». Llegué al puesto de abastecimiento que estaba justo antes del pueblo, sólo había una persona que lo atendía y tenía una fogata que ya se estaba apagando, cuando llegué me dijo: «Gracias por venir», se me hizo muy extraño y le dije: «Al contrario, gracias por estar aquí», pero el insistía: «Gracias por venir», y en eso pasó algo de lo que no me puedo acordar pero salí corriendo muy rápido, estaba asustado, vi a unos corredores llegando al puesto pero no les dije nada, seguí corriendo. Otra vez a la subida de regreso, «¿Cómo subida de ida y de regreso? No importa», seguí , estaba a punto de amanecer. Escuché a los pájaros, cada vez necesitaba menos mi lámpara hasta que la apagué, con el día todo se renovaba, como si todo volviera a nacer. Ya no tenía sueño, me acordé de que mis hijas estaban dormidas. Estaba corriendo en la Pila que es un camino plano, no hay subidas ni bajadas y por supuesto ese camino no lleva a ningún pueblo. Reconocí el ruido que hacía el cierre de mi chamarra al rozar con mi barba, parecían personas cortando árboles. Llegué a la bajada que lleva a la cabaña del Zarco que es el final de la carrera, por supuesto no había ratones ni perros. Fueron setenta y tres kilómetros en doce horas, y crucé la meta exactamente seis meses antes de arrancar en Leadville la carrera de cien millas que seguro acabaría con una noche como esta…, y te vamos a extrañar en Urique, Duncan Orr.

CAPÍTULO 15
NO ACABAR NO EXISTE

Tercer ultra en este mes, de la regla de "un maratón al año" ya ni hablar; regresaba a Urique a correr otra vez el Utramaratón Caballo Blanco, ahora no tenía los nervios del año anterior y "No hay como la primera vez", dicen por ahí. El año pasado puse toda mi atención en entrenarme para terminar esta carrera, ahora era una preparación para Leadville, sin embargo, ahora tenía algo especial era la primera vez que Caballo no estaría en su carrera y se le iba a hacer una ceremonia unos días antes, también venía para ver a muchas personas que conocí la vez anterior. Llegué el viernes en el Chepe a la estación de Bahuichivo con mis amigos del año pasado: Steve Cairns, Luke Attwood y Ricardo Díaz, además los turcos Murat, Mecit y Aytec, a quienes conocimos en el tren y con los que conviviríamos durante todo el fin de semana. En la estación ya nos esperaba Montse en una camioneta para llevarnos a Urique. Montse es yerno de Próspero, el dueño del rancho Los Alisos que está lleno de árboles de toronjas, tiene un pozo de agua helada y es el oasis en el kilómetro cincuenta de la carrera; era uno de los lugares preferidos de Caballo, ahí depositaron parte de sus cenizas.

Mientras viajábamos hacia Urique, Murat comentó que no sabía si terminaría la carrera, como estaba lesionado, no pudo entrenar el último mes y subió de peso. Era su primer ultra y me recordó cómo me sentía yo el año pasado.

—La única manera de acabarlo es que no dudes —le dije.
—No acabar no existe —agregó Steve.

Luego nos paramos en el mirador a ver el cañón de Urique, por más veces que pase por ahí nunca dejará de impresionarme. Tres horas después de descender los cerca de dos mil metros llegamos a Urique, el ambiente ya era de fiesta, muchas caras conocidas del año pasado; fui a cenar con mamá Tita, ya extrañaba ese lugar, ahí me encontré a Diran, mi amigo argentino y compañero de cuarto en ese viaje, después me encontré a la Mariposa, la novia de Caballo, le di un abrazo largo, le dije que lo sentía y que desde hace un año se lo quería decir, me lo agradeció mucho.

Los turcos no tenían dónde dormir, en teoría un tal John les había hecho una reservación pero nunca lo encontraron y además no hablaban una sola palabra en español; recorrí prácticamente todo el pueblo con ellos hasta que conseguimos que les rentaran una casa, y quedaron muy agradecidos conmigo. Al otro día desperté con gripa, «no puede ser». Fui a recoger mi número, a comprar suero, agua y Gatorade, y volví a mi cuarto. Dormí un rato, desperté a la una de la tarde y me sentía peor, pensé que no iba a correr. Le pedí a Ricardo que me ayudara y consiguió una cita en la clínica de Urique. Fui con el doctor, me dio unas medicinas y dijo que sí podría correr pero que tal vez me costaría trabajo respirar. Regresé a mi cuarto, pensé que tenía diecinueve horas para recuperarme y volví a dormir. Parecía que ahora el "no acabar no existe" también era para mí.

Steve revisó la lesión de Murat; además de ser soldado, Steve es aficionado al funcionamiento del cuerpo humano, le corrigió la posición y le explicó qué tipo de masajes se tenía que dar en caso de que le doliera durante la carrera, luego le repitió: «No acabar no existe». Me desperté a las cinco de la tarde, había sudado mucho y me sentía mejor, fui a cenar y a preparar todo para la carrera: bloqueador, Gatorades, botellas de agua, mi número, el reloj, aspirinas, etcétera.

El día de la carrera, a las cuatro y media ya estaba listo; había sudado mucho otra vez durante la noche y le dije a Diran: «Estoy perfecto», o eso quería pensar yo, y en ese momento me dio un ataque de tos, él nada más se rió, pero en verdad yo creí que me sentía mucho mejor. Fuimos a desayunar con mamá Tita y ahí estaban el equipo de Japón y Arnulfo Quimare, quien ha ganado dos veces esta carrera, incluyendo la narrada en el libro *Nacidos para correr*. Yo estaba mucho mejor preparado que el año pasado, pero no quería que me pasara lo de la carrera de Atlanta donde me ganó la ansiedad y no terminé. Iba a correr lo más rápido posible sin hacer esfuerzo, iba a tomar agua antes de que me diera sed y a comer antes de tener hambre, y muy importante: iba a mantener el cuerpo fresco por el calor de más de cuarenta grados que me esperaba ese día.

Arrancó la carrera a las seis de la mañana: ocho kilómetros hasta Guadalupe Coronado. Recordaba que era un camino más o menos plano pero no, tiene muchas subidas (cincuenta y cinco minutos hasta la iglesia). Después empezó el ascenso a Los Naranjos, el más grande de toda la carrera; el año pasado lo caminé todo, este año iba corriendo, la subida es un camino con muchas curvas y seguía a una mujer tarahumara vestida con huaraches, falda rosa y camisa azul, parecía que no le costaba trabajo correr y yo trataba de imitar sus movimientos, poco a poco la fui alcanzando y cuando estuve a menos de dos metros de ella se hizo a un lado para dejarme pasar. Me daba cuenta de que iba corriendo justo atrás de mí porque el sol nos daba en la espalda y veía su sombra junto a la mía, estaba demasiado cerca pero no la podía oír, era como si no pisara, como si estuviera flotando. "El mejor corredor es el que no deja huella".

Después me metí en un grupo de cinco corredores, estaba haciendo un esfuerzo innecesario pero era divertido y decidí seguir en esa "carrera" por quince minutos, pronto todos se quedaron atrás, después alcancé a Luis Escobar *el Coyote*, el fotógrafo autor de la portada de *Nacidos para correr*, quien regresó este año por el homenaje a Caballo. Llegué hasta arriba, llené mis botellas de agua y comí naranjas y plátano. De regreso a Urique me sentí muy bien en la bajada y el calor ya estaba a todo. Había calculado con Luke y Steve que para hacer menos de doce horas ese día tenía que regresar a Urique en menos de cinco horas; llegando vi el reloj: 3:54, iba a hacer menos de diez horas ese día y con gripa, «nada mal».

Esta vez no estaba Ale para ayudarme, fui por mi mochila y cuando me agaché para recogerla se me tapó la nariz, no podía respirar... "No acabar no existe". Me puse bloqueador y vaselina, mientras la Mariposa me ayudaba a llenar mis botellas de agua saqué las quesadillas que me había hecho Tita en la mañana y empecé a comer caminando hacia Los Alisos. Cuando iba saliendo de Urique una persona dijo en el micrófono: «Ahora por el calor la carrera se hace más lenta», y sí, empezamos como a diez grados centígrados y ahora estábamos a más de cuarenta. El sol y la gripa no se llevan bien, sólo me pude comer una de las tres quesadillas y le regalé a un niño las otras dos; tenía el cuerpo muy caliente y ya no podía tomar agua, sentía náuseas. En esa zona había sido mi momento más difícil el año pasado y ahora me acordaba de una frase de Scott Jurek: "A veces solamente haces las cosas", no había qué pensar, nada más poner un pie adelante del otro, estaba seguro de que el mal momento pasaría.

Llegué al puente de la Laja en el kilómetro cuarenta y cinco; no había aspirinas ni masajes, me tomé medio litro de suero, seguía con náuseas pero no me quería deshidratar, crucé el puente y empecé el brutal ascenso a Los Alisos, sabía que me faltaba casi una hora para llegar y estaban calientes el piso y la pared, el calor me llegaba por todos lados y cada vez tenía más náuseas. Empecé a tomar tragos de mi botella de agua muy despacio y a imaginarme que estaba en un lugar frío, me acordé de mi última corrida en el Ocotal a las siete de la mañana y sentí el frío en la cara y en los brazos. Así luché hasta que llegué a Los Alisos en seis horas y ocho minutos (cincuenta kilómetros).

Entrando al rancho ya no aguantaba la gripa, saludé a Próspero; había tortillas pero me daban asco, me mojé la cabeza con el agua helada del pozo y me sentí mejor, luego vi las toronjas, les ponía sal y me las comía, eso sí sabía bien. Me comí como tres toronjas completas y me fui. En la bajada me dolían las rodillas, estaba buscando a Steve para preguntarle qué hacer con las náuseas y la deshidratación, lo encontré llegando al río y me dijo: «Estás bien, sólo échate agua en la cabeza». Vi el río y decidí no usar el puente, crucé nadando por abajo, me cambió la vida. Al otro día Steve me dijo: «Te vi muy mal, parecía que la cabeza te iba a explotar pero no te quise decir», y se rio.

Al salir del río me sentía muy bien, sin náuseas, y corrí hasta el pueblo de Guapalayna, me paré en la misma tienda que el año pasado, tomé Coca-cola y comí sandía que tenía un sabor indescriptible; al salir me encontré a una gringa y le dije: «¡Vámonos!» Corrí con ella hasta Urique, llegando me ayudaron dos señoras a llenar mis botellas de agua, busqué en mi mochila unas gomitas o algo de azúcar y no encontré, me tomé un Gatorade. Ocho horas con cuarenta minutos (sesenta y cuatro kilómetros). Decidí lanzarme a Guadalupe Coronado con todo para hacer menos de once horas y justo antes de salir del pueblo lo pensé bien, me olvidaría del tiempo pero haría mi mejor esfuerzo con la gripa que tenía; y así fue, en esos dieciséis kilómetros invertí hasta el último gramo de energía que me quedaba y eso me dejó muy contento.

Al entrar al pueblo de regreso me crucé con Ricardo y Aytec, que iban hacia Guadalupe, nos saludamos y entré a la calle principal, el año pasado había llegado de noche y ahora todavía hacía mucho calor. ¡Crucé la meta! "No acabar no existe". ¡Cinco costales de maíz para los tarahumaras!, me entró una borrachera de emociones, me acosté boca arriba en el piso con los brazos estirados, luego me paré y pedí un teléfono para hablarle a Ale; me dieron tequila y una cerveza, estaba feliz, contagiado por la euforia de todos: corredores, acompañantes, periodistas y los habitantes de Urique. Era esa enorme emoción que se siente cuando todavía no te das cuenta de que lo mejor quedó atrás, que el aprendizaje fue en el camino. Cada dos o tres minutos llegaba otro corredor brincando, riéndose o llorando y se repetían las fotos, los abrazos y las felicitaciones. Todos fueron a Urique por diferentes motivos, con distintas expectativas y de aquí se llevaron una gran experiencia y una historia que contar.

El año pasado no esperé a Steve y a Luke en la meta, me fui a dormir y me arrepentí. Este año me quedé ahí hasta que llegó Steve; Luke abandonó la carrera en el kilómetro treinta y cinco por estar enfermo del estómago. Mientras me acordaba de esas escenas y de muchas otras experiencias vividas ese día, estaba sentado en un escalón tratando de tomar tesgüino, una especie de pinole fermentado de sabor muy amargo. Había una banda tocando música norteña, era una fiesta que organizaron Germán Silva y sus hermanos en la casa donde se estaban quedando. Convivían muchos corredores, tarahumaras en su mayoría pero también varios extranjeros que fueron a participar en los ochenta kilómetros del Ultramaratón Caballo Blanco. Se hablaban muchos idiomas pero todos participaban en la misma fiesta.

Me dolían las piernas, tenía náuseas y sólo había comido un caldo de pollo desde que terminé la carrera hacía más de cinco horas; me seguía sintiendo muy mal por la gripa pero estaba feliz. Cerca de las once de la noche, mientras yo seguía tratando de probar el tesgüino en la fiesta, cruzó la meta Murat en el último lugar (dieciséis horas y media), nos dio a todos una lección de persistencia. Lo felicité muchas veces y él estaba feliz. Ahora Murat quería regresar a Estambul a platicarle este logro a su esposa y a sus dos hijos. «Esta carrera definió a Murat como persona», me dijo Steve. "¡No acabar no existe!".

Mecit, que sólo había ido a Urique para acompañar a sus amigos, pensó que se iba a aburrir todo el domingo así que decidió participar en la carrera, nunca había corrido más de quince kilómetros y pudo hacer sesenta y cuatro; la magia de Urique se contagia. Al día siguiente acompañé a Diran a meterse al río en la mañana. De regreso al hotel me encontré a Próspero en la calle y me regaló veinte toronjas de Los Alisos que me llevé a México a manera de trofeo. Como bien escribió un corredor en su blog: "Este es un viaje espiritual con una carrera al final".

Creo que Caballo hubiera estado contento esta semana, ya que él siempre quiso que estos días fueran de convivencia, de ayuda a los tarahumaras, de compartir unos con otros y así fue. También creo que al final él hubiera dicho lo mismo que el año pasado: «En este día, una vez más, la paz fue creada en las profundidades del cañón de la Sierra Madre. ¡*Run free*!».

CAPÍTULO 16

ENTRENAMIENTO NOCTURNO

Pocas semanas después de regresar de Urique, mientras me seguía preparando para las cien millas de Leadville, decidí hacer un entrenamiento de toda la noche, es decir, desde las siete hasta el amanecer. Quería estar ahí de sol a sol yo solo y sobrevivir la prueba sin ayuda, sin aplausos. Lo había hecho nada más una vez durante la carrera de las doce horas nocturnas en la cual llegué a alucinar, y quería vivirlo de nuevo; este es el tipo de aventura a la que vas cuando te sientes indestructible, yo pensaba que esto no era nada comparado con Leadville. «¿Qué puede pasar?». Unas horas después me daría cuenta no sólo de que sí podían pasar cosas, sino de lo vulnerable que soy.

Al salir de mi casa mentí, le dije a Ale que me habían invitado a una meditación nocturna y que regresaría temprano al otro día, no quería que se preocupara y, justo cuando me iba, mi hija Lucía me dijo: «Vas a regresar, ¿verdad, papá?». «Claro que sí, Lu, mañana estoy aquí». Antes de empezar cené en mi coche algo que me cayó mal, no sabía ni olía raro, de otra forma no me lo habría comido. No quisiera hablar de lo que era para no sugestionar a nadie porque lo que comí esa noche no lo he podido volver a probar. Era martes, hacía frío y llevaba mi chamarra, tenía mucha ansiedad por "ver" algo, así empezaron a pasar los minutos y los kilómetros, estaba cansado de los entrenamientos del fin de semana y además esos días no había comido bien. Pasaron algunas horas y todo iba conforme a lo planeado hasta que me sentí mal del estómago, luego me dieron escalofríos y náuseas. Me empezó a dar comezón en los brazos. Estaba lejos de mi coche y en ese lugar no había señal de teléfono.

Decidí regresar, me estaba costando trabajo respirar y al poco tiempo vomité, hace muchos años que no lo hacía, empecé a asustarme, volví a vomitar y se me estaba cerrando la garganta; ahora también tenía mucho sueño y comencé a bajar lo más rápido que podía, necesitaba llegar a mi coche, no debía quedarme ahí solo. Seguía bajando y cada vez me costaba más trabajo respirar por el esfuerzo de ir tan rápido y porque se me seguía cerrando la garganta, después de eso… ya no me acuerdo. No sé muy bien cómo pasó, puede ser que me haya quedado dormido o desmayado; sólo tengo el recuerdo de cómo mi cabeza pegaba contra el piso dos veces como en cámara lenta: primero una, luego rebotó y golpeó la segunda, lo sentí tan lento que no me dolió, fue como si me hubiera acostado ahí en el piso.

Sentí algo muy raro porque podía darme cuenta de que estaba inconsciente o algo así, ahí tirado, solo, pero bien; no me preocupé, no podía moverme para pedir ayuda, ni siquiera para gritar o llamar a alguien. Pensé que lo único que podía hacer era estar quieto y calmarme; decidí dormirme y esperar al amanecer para pedir ayuda. No sabía bien qué hora era pero ya había pasado mucho tiempo desde que había empezado y estaba agotado. Mi cuerpo me parecía muy pesado, *gordo* sería la palabra, sentía las piernas hinchadas, «¿Cómo?, ¿estoy deforme? No puede ser, es una tontería». Me empezó a dar frío y me preocupé mucho por eso, algo me decía que no estaba lastimado pero yo no podía controlar la temperatura, «¿Qué tal si me da hipotermia? Ale me va a matar. ¿Qué estupidez hice?, ¿qué hago aquí? Lo único que puedo hacer es calmarme, nadie me va a ayudar a esta hora, debo esperar al amanecer».

El clima de la madrugada me seguía preocupando mucho, no me quería morir. Empecé a soñar, veía colores, como si estuviera en una feria o algo así, era un lugar increíble, pero también me daba mucho miedo, me quería salir de ahí pero no podía, era como si me encontrara en otro mundo, nada de lo que había aprendido hasta entonces hacía sentido. De pronto me "despertaba" y me daba cuenta de que estaba acostado boca arriba en el piso, veía el cielo con estrellas y algunos árboles, en la mano derecha tenía mi botella de agua y con los dedos de la izquierda sentía la tierra fría del piso, pero segundos después cerraba los ojos y otra vez regresaba a ese lugar, sólo oír mi respiración me recordaba que estaba vivo, por decirlo de alguna manera.

En ese lugar de colores y lleno de luces empecé a recordar mi vida, muchas veces decimos: "Todo pasa por algo", pero aquí lo podía ver perfecto. Pensaba en alguno de mis amigos: «¿Para qué lo conocí?», y podía ver toda la "película" sobre una línea. Era como un barandal en el que se proyectaban estas escenas y el tiempo era como una dimensión más; junto a mí veía el presente, volteaba hacía atrás y miraba el pasado: «¿Qué pasaba antes de conocer a mi amigo?, ¿cómo fue el día que nos vimos por primera vez?, ¿qué hemos aprendido uno del otro?», y después fijaba la vista hacia adelante, al futuro: «¿Qué va a pasar entre nosotros?, ¿para qué somos amigos?» y muchas otras cosas. Me hacía otra pregunta: «¿Para qué fui a tal escuela?». Veía otro barandal con todas las escenas y así recordé varios temas. Hoy no me puedo acordar de nada de esas películas pero sí estoy seguro y convencido de que todo pasa por algo. Quería que eso se acabara y estaba arrepentido de haber ido ahí esa noche. «Ay, Mario, cuántas historias trágicas has oído y tú vienes a hacer esta tontería, ¿por qué viniste solo?». Sentía un arrepentimiento muy grande por haberle mentido a Ale.

Entonces pensé que ya quería regresar a la realidad, pensaba en Ale y en mis hijos y me asusté... los veía como un sueño; «¿Cuál es la realidad, ellos o este mundo de colores? ¡No sé!». Salí de mi inconsciente un instante, vi que seguía tirado en el piso y regresé; ahora me vi caminando por el bosque, «¿Cómo llegué aquí?». Ese lugar era totalmente diferente al que según yo había ido esa noche pero lo conocía muy bien, había ido a entrenar ahí muchas veces. «¿Será que corrí toda la noche y llegué hasta acá? No me acuerdo. Esto ya fue demasiado, ahora sí me pasé, no tengo idea de qué hago aquí. Se acabaron estas carreras. ¿Leadville? No quiero ir».

Caminando en ese bosque vi mi reloj, 4:00 a.m., y pensé en hablarle a Ale para que fuera por mí, pero no hacía sentido, «¿Cómo?». No le podía hablar porque la historia que platicaría no era coherente, le dije que me iba a una meditación, ¿y ahora cómo le iba a explicar que necesitaba que viniera a rescatarme al bosque? Las ideas no me cuadraban, me esforzaba por pensar en una historia creíble y hablarle, pero no la podía armar en mi cabeza, ni siquiera me acordaba de cómo había llegado ahí y si no podía explicar eso no podía llamarle.

Lo que me pareció correcto y decidí hacer fue esperar al amanecer, entonces podía marcarle y decirle que había sobrevivido a una hazaña de ultramaratón, que no recordaba nada de lo ocurrido pero había aguantado toda la noche y había aparecido ahí. Sí, eso hacía sentido porque a fin de cuentas yo estaba entrenando para Leadville ¿no? y entrenar toda la noche para demostrar que tenía la capacidad para correrlo era muy lógico, esa sí era una buena historia, entonces sólo tenía que esperar a que amaneciera para hablarle. Y sí, así de tonto era mi razonamiento, pero entonces me di cuenta de que así era mi vida, todo lo que hacía debía tener una razón de ser. Cualquier cosa debía ser congruente con mi manera de ser y de ver la vida, para que en cualquier momento yo pudiera explicar por qué hice tal cosa o por qué fui a cierto lugar, no podía hacer algo nada más porque sí o por gusto.

Seguí caminando entre esos árboles esperando a que saliera el sol y sentí muchas náuseas, me agaché para vomitar y cuando levanté la cara todo el bosque había cambiado de color: brillaba, era fosforescente, verde, casi amarillo, un tono como el del musgo que sale en los árboles y muy brillante. Entonces pasó algo impresionante, en ese momento ya no podía decir que yo estaba en el bosque, ya no había diferencia entre él y yo, era como si yo fuera una parte del bosque o algo así, ahora éramos lo mismo, era la unidad. Después me vi parado en una montaña, era el atardecer, el sol se estaba metiendo y yo lo estaba viendo en el horizonte frente a mí, sentía el viento en la cara; volteé para atrás y vi a mis abuelos parados ahí, justo atrás de mí y detrás de ellos estaban sus papás y en la siguiente fila sus abuelos y así seguían otras generaciones, estaban como cuidándome la espalda, protegiéndome, y me veían como diciendo: «No tienes nada de qué preocuparte, aquí siempre hemos estado», y me sentí feliz.

Luego vi una luz muy grande, la seguí y llegué a una alberca de luz, era verde, roja y amarilla, como de puntos, como si fuera arena de colores, pero era luz, no era sólida. Mucha gente se estaba echando a la alberca, antes de aventarse se quitaban el cuerpo como si fuera una bata y sí, sin esa bata todos éramos iguales, estábamos hechos de la misma energía que había en la alberca; cuando alguien se sumergía simplemente se integraba y se confundía con todo lo demás.

Yo creía que entrar ahí era el fin de esta vida y decidí no hacerlo porque me sentía responsable por mis hijos, luché para no moverme de la orilla pero de pronto entendí que los niños estaban bien, no me necesitaban, no era eso. Entonces pensé que la razón por la que no me quería aventar era porque me gusta esta vida, disfruto estar aquí... No, tampoco, no estaba siendo sincero, la verdad era que estaba enamorado de Mario, de mi ego, de ese personaje que construí durante casi cuarenta años, el mismo que ha corrido maratones y ultramaratones, que es ingeniero e hizo una maestría, ese que tiene una familia que lo quiere, una oficina, también tiene una casa, amigos y mucho más.

No me podía dar el lujo de perderlo todo, ¿cómo destruir lo que tanto trabajo me había costado lograr? Pero cada una de esas cosas que no quería perder no tenía ningún significado ahí en la orilla de la alberca. Empecé a pensar en mí, "Mario Reynoso", no entendía esas palabras, no significaban nada estando ahí, trataba de acordarme de mi cara cuando me veía en el espejo y tampoco, no podía verla, no existía. Me empecé a acordar del sentimiento de arrogancia que tenía cada vez que alguien hablaba bien de mí y sentía que el cuerpo se me hinchaba lleno de orgullo, me dio mucho asco, «Yo no soy eso», y vomité.

Aun así seguía detenido por el miedo, sin querer aventarme a la alberca y de pronto entendí que tenía que fluir, no podía quedarme ahí, no iba a llegar a ningún lado, entonces dejé a Mario y entré a la alberca... Nunca me imaginé que podría existir algo tan inmenso cómo lo que sentí ahí, todo era perfecto: luz, música, colores, ahí estaba pleno, completo, ahí nada me faltaba, no existía el miedo ni el dolor, ni el sentido de individualidad, no había un "yo". Creo que eso es el amor, Dios, el cielo, la luz o como cada quien quiera decirle, pero lo viví, lo experimenté. Cuando estaba dentro de la alberca apareció Lucía, mi hija, poniendo la misma cara que puso cuando se despidió de mí en la casa hacía unas horas. Ella me dijo, viéndome a los ojos y con una tranquilidad enorme: «Ya regrésate, papá», y eso me hizo volver. Luego vi a Nicolás vestido para ir a entrenar con su botella de agua en la mano y me dijo: «Deja eso, vente, vamos a correr, todavía tenemos que acabar muchas cosas aquí».

Sentí otra vez cómo estaba acostado en el piso, oí mi respiración, abrí los ojos y ya había luz. Ese día escuché a los pájaros cantar en el amanecer y desde entonces nunca he dejado de hacerlo, estaba de regreso. Trataba de entender otra vez todo: «¿Quién soy?, ¿qué pasó?, ¿dónde estoy?». Tenía mucho frío y miedo, me costaba trabajo moverme, estaba golpeado, me sentía muy mareado, asustado y lo primero en lo que pensé fue en Ale, quería verla y necesitaba su ayuda; me acordé de que traía mi teléfono, traté de sacarlo para hablarle pero no podía abrir el cierre de la bolsa de mi chamarra, estaba muy débil. Cuando por fin pude noté que sí tenía señal y veía la pantalla pero no sabía cómo marcar, tuve que concentrarme. Logré hablarle y le pedí que fuera por mí, yo estaba arrepentido de haberle dicho mentiras y ella no estaba muy feliz con mi historia pero ya estaba en camino. No supe explicarle exactamente dónde estaba, así que le dije dónde había dejado mi coche y quedé en verla ahí, en el estacionamiento.

Nadie me iba a rescatar de donde estaba, entonces tenía que salir de esta yo solo como en otras carreras. Con mucho trabajo me paré, estaba bien de las piernas, así que regresé al camino y empecé a avanzar lento. Reconocí rápido la bajada que llevaba hasta mi coche, antes de perder el conocimiento había logrado bajar mucho así es que ya no estaba muy lejos. Mientras caminaba hacia el estacionamiento le hablé a Nico y me dijo que ya había hablado con Ale. Después de colgar no podía dejar de llorar, además se me escapaban de la mente muchas cosas que vi esa noche y lo único que me quedó fue lo que ya conté aquí; aunque no sólo fueron las cosas que olvidé, vi escenas que no existen palabras para explicar y hubo conceptos que ni siquiera tuve que ver, simplemente los entendí. Fue una lección de humildad muy grande y mi forma de ver la vida cambió para siempre con esa experiencia.

No sé cuánto tiempo estuve tirado en el piso esa noche, tal vez fueron sólo minutos, quizá dos horas o posiblemente más. Por el frío que tenía cuando amaneció yo creo que por lo menos fueron un par de horas. No sé si los sueños que tuve fueron eso o si realmente fui a visitar ese mundo de colores. Tal vez sí estuve cerca, no lo sé, lo cierto es que las cosas que entendí esa noche las creo, y eso cambió mi manera de pensar. Después de recuperarme de los golpes y la intoxicación no pude correr como en un mes, no encontraba los motivos. «¿Cuál era el objetivo de ir a Leadville?». No hacía sentido ir para alimentar mi ego, el cual esa noche había visto que era una mentira. Además, me daba miedo ir a entrenar solo y cuando intentaba correr en un gimnasio o en algún lugar donde hubiera gente me cansaba muy rápido. La carrera de cien millas de Leadville se acercaba, faltaban pocos meses y yo ya no sabía si quería ni si la podía hacer. Tal vez la búsqueda que empecé un martes en el Bosque de Tlalpan hacía casi veinte años había terminado.

CAPÍTULO 17
ENCONTRANDO MOTIVOS

El ultramaratonista y escritor Bernd Heinrich dice: "Correr es un movimiento extremo y el movimiento es la esencia de la vida". Así lo creo, ahora quería correr porque sentía la necesidad de reencontrarme, ya no pensaba en Leadville, lo que quería era simplemente volver a la normalidad. Empezar otra vez: dos kilómetros, luego tres, y creo que nunca pude correr más de cuatro, hasta que unos días después fui a visitar a Nicolás que se había ido a vivir a Houston, y uno de los planes que teníamos era ir juntos a una carrera de diez millas en Huntsville. «¿Cómo le explico a él que estoy entrenando para Leadville pero que no puedo correr ni diez millas?».

Aprovechamos el viaje a Houston para ir a cenar a casa de Mecit, mi amigo turco que conocí unos meses antes en la Tarahumara, y también para presentarlo con Nicolás. Durante la cena, Mecit propuso que todos corriéramos el maratón de Houston el siguiente enero. Nico estaba puesto, Ale, a pesar de haber corrido la carrera de cincuenta kilómetros en Atlanta, siempre había querido correr un maratón después de que no pudo ir a Nueva York por estar embarazada. Inés ya no quiso saber nada que tuviera que ver con correr después de esa carrera de cincuenta kilómetros. «¿Y yo?, ¿pues cómo iba a decir que no?». Me gustaba mucho la idea de correr un maratón con ellos, sobre todo con Ale, y estaba seguro de que para entonces ya estaría recuperado. «Nos vemos en enero».

Al día siguiente, Nicolás y yo fuimos a la carrera con unos amigos suyos y yo no sabía si la podía terminar, Nico les platicaba de Leadville, ellos me preguntaban y yo les contestaba con respuestas cortas, sin mucha pasión como yo acostumbraba a hablar de mis carreras, yo solamente quería terminar esas diez millas, las terminé y me di cuenta de que todavía podía correr. La siguiente semana fui a una carrera de treinta kilómetros y a cuatro mil metros de altura en el Nevado de Toluca, llevábamos semanas planeando ir con varios amigos, y la misma historia, me preguntaban por Leadville y yo no sabía si podía terminar esos treinta kilómetros; los primeros quince me sentí muy bien y de regreso muy mareado pero acabé, ahora sí sentía que podía terminar Leadville pero, ¿quería? Nadie sabía que yo no quería ir a Leadville, a Ale se lo dije y seguro pensó que era una idea del momento pero en verdad no encontraba los motivos para hacer esa carrera.

Estaba todo reservado: avión, hotel y coche. Nicolás empezó a entrenar para acompañarme en la segunda mitad, se inscribió a varias carreras de *trail* cerca de Houston, inclusive a unas nocturnas, y me mandaba fotos de la salida o de la meta. Estaba muy ilusionado con la idea de acompañarme en Leadville: «Mario me dijo que el momento más difícil es en la madrugada, cuando te da sueño, y yo me estoy preparando para estar ahí con él», les platicaba Nico a otros amigos.

Poco a poco fui recuperando las ganas de ir, tal vez no tenía el gran estímulo que era la necesidad de satisfacer mi ego, pero había otros motivos, como hacer el viaje con Ale, Nicolás e Inés, conocer el mítico pueblo de Leadville donde Caballo vio a los tarahumaras por primera vez y experimentar las sensaciones de correr cien millas. Yo había acordado correr Leadville como embajador del Proyecto Andares, una asociación que se encarga de dar terapias de lenguaje y motricidad a niños y familias de bajos recursos, Andares siempre necesita dinero porque tiene más niños necesitados que recursos. Leo y Gaby son mis amigos, los que fundaron y operan el proyecto, y hacía unos meses, platicando con Leo que también hace ultramaratones, le había propuesto hacer mi carrera de Leadville para conseguir recursos para los niños. Creo que hay una similitud entre una carrera de ultramaratón y lo que pasa adentro de Andares: el esfuerzo físico de los entrenamientos y la superación que se logra se parecen mucho al trabajo de los niños en sus terapias.

El eslogan que se utilizó para la campaña fue: "Tus metas, sus triunfos", y la idea era vender cada uno de los ciento sesenta kilómetros que yo iba a correr en Leadville a la gente que quisiera patrocinarme para donar el dinero a Andares. Para que las personas se enteraran de esta iniciativa se hizo una página en Facebook y varios eventos como pláticas y entrevistas en programas de radio en donde se hablaba de Leadville, de los niños y de cómo la gente podía ayudar. Yo creía que había gente que se motivaba al enterarse de una carrera como Leadville y querría participar de alguna manera, la idea era usar estas ganas de participar en favor de Andares; entonces ahora yo no sólo iba a hacer una hazaña en Leadville de la que cada vez más y más personas se enteraban, sino que además muchos niños se iban a beneficiar gracias a mí.

Todo esto nada más alimentaba mi ego, y él y yo en esos días no nos llevábamos muy bien, pero un sábado fui a entrenar yo solo al Desierto de los Leones, iba a correr cincuenta kilómetros y cuando estaba más o menos a la mitad, en esos momentos en que ya no controlas tus pensamientos, me di cuenta de que el tema de Andares no era como yo pensaba: la gente que estaba comprando mis kilómetros en Leadville no lo hacía motivada por una carrera, estos donadores querían ayudar a los niños del Proyecto Andares, nada más. Mi carrera en Leadville era sólo el pretexto y yo era simplemente un medio por el que estaba pasando esta acción tan buena de parte de ellos. «¿Y qué tal si todo lo que hacía en mi vida era así? ¿Qué tal si mi ego es el que piensa que yo hago todo pero en realidad yo soy nada más el conducto?». Cuando me di cuenta de eso cambió mi forma de ver el viaje a Leadville, quería ser el conducto de esto y correr nada más, no tenía que demostrar nada ni alimentar mi ego, esto no era gracias a mí, y Leadville sólo era lo que es, una carrera. Es más, las donaciones ni siquiera estaban condicionadas a que yo cruzara la meta, antes de irme a la carrera Andares ya tendría el dinero en el banco.

El sábado fui con Ale a correr al Bosque de Tlalpan del que ahora vivíamos muy lejos y que hace muchos años no visitaba; corrimos como antes, después fuimos a desayunar y a Proyecto Andares, quería sentir ese lugar antes de la carrera. Cuando llegamos Leo estaba en la oficina y nos sentamos a platicar con él; nos iba a acompañar a Leadville y a correr un rato conmigo pero al final no pudo por temas de trabajo. Mientras platicábamos entró a la oficina uno de los niños que hacen sus terapias ahí y Leo le dijo que yo iba a correr ciento sesenta kilómetros la siguiente semana. El niño se me quedo viendo, parecía que estaba pensando, y después de un momento dijo: «Pues toma mucha agua y no te rompas». Así de fácil es en realidad.

CAPÍTULO 18
LEADVILLE, EL VERDADERO RETO

"Cuando el dolor sea tan grande que creas que ya no puedes más, busca, busca dentro de ti y te prometo que vas a encontrar más. Haz eso muchas veces hasta que llegues a la meta".

Ken Chlouber, director de Leadville 100, durante la plática el día antes de la carrera.

Terminó la subida y estaba en un pequeño valle, ya se me había acabado el agua de las botellas y traía puesta la chamarra que Nico me prestó mil y tantos metros más abajo. Hacía frío, estaba mareado pero no quería parar, estaba en el mítico paso de Hope Pass, a cerca de cuatro mil metros de altura, es el kilómetro setenta y dos y ¡lo había logrado, estaba hasta arriba! El paisaje era surrealista, algunos habitantes de la zona subieron agua para los corredores ayudados por sus llamas que también estaban ahí. No había comida, sólo agua pero traía un sándwich en la bolsa, así que eso no era un problema, llené la primera botella y un niño como de diez años llegó a ayudarme. «Dame tu botella, sigue, no te pares, la lleno y te alcanzo». le di mi segunda botella y seguí caminando hacia la bajada.

Desde que me regresaron las ganas de ir a Leadville tuve la disposición de aceptar cualquier cosa que sucediera en la carrera: lluvia, nieve, dolor, sueño, alucinaciones en la noche, ampollas, caminar, gatear, ser el último en cruzar la meta, lo que fuera excepto no terminar. "No acabar no existe".

Leadville está en Colorado, más o menos a dos horas de Denver, pero no parece que estés en Estados Unidos con toda la modernidad y la tecnología actuales, más bien parece que regresaste al pasado y que es un pueblo vaquero al que sólo le faltan las banquetas de madera; prácticamente se compone de la calle principal, la escuela y dos o tres cosas más. Pero el tercer fin de semana de agosto Leadville se convierte en la capital del ultramaratón, corredores de todo el mundo llegan ahí a una de las competencias más emblemáticas de este deporte. Creo que incluso alguien que no supiera nada y que pasara ese fin de semana cerca del pueblo se daría cuenta de que algo estaba pasando, porque la carrera de las cien millas de Leadville se siente desde que te acercas. Ese fin de semana, el que presume ser el mejor restaurante está cerrado, tiene un letrero en la entrada que dice: "Hay mucha gente y preferimos no dar servicio que dar un mal servicio", eso ilustra un poco cómo es la ciudad.

Llegamos el jueves a Leadville los mismos de siempre: Nico, Inés, Ale y yo. Directo a recoger mi número, cuando di mi nombre la persona que me lo entregó me preguntó cuántas carreras de cien millas había hecho:

—Es la primera —le dije.

—Pues escogiste una dura para empezar.

A Leadville 100 le dicen "La carrera a través del cielo" por la altitud a la que se corre; Denver tiene una altitud sobre el nivel del mar de mil seiscientos metros (una milla), de ahí su apodo de *Mile High*. A Leadville le llaman *Two Mile High*, "Sólo hay un Leadville", dicen todos ahí. Me hicieron subir a una báscula y me pusieron una pulsera en la que escribieron mi peso, si durante la carrera bajas cierto porcentaje te paran y te hacen tomar agua hasta que te recuperes, y si disminuye un poco más te descalifican. Luego nos fuimos al hotel que parecía tener doscientos años, todo es de madera, los pisos rechinan y los pasillos son largos con alfombra y llenos de adornos.

Le hablé a Chi, hací mucho que no sabía de él, le dije que el sábado correría cien millas y no recuerdo si él me ofreció su ayuda o si yo se la pedí, pero acordamos que le iba a mandar unos datos de mis últimos entrenamientos para que él esa noche me diseñara un plan; Chi me quería ayudar y yo quería creer en algo.

El viernes en la mañana fuimos a dos pláticas donde dan las instrucciones y responden las preguntas sobre las dudas de la carrera, una es para corredores y la otra para los equipos y *pacers*. El director nos dio todas las recomendaciones y nos dijo que cuando regresáramos a nuestras casas lo primero que nos iban a preguntar sería: «¿Terminaste?», y que ahí había dos respuestas posibles: «Sí» o una lista de quejas y pretextos explicando por qué no. «Tú no quieres contar esa historia», nos dijo. Luego nos comentó que lo único que había que hacer era poner un pie adelante del otro y nunca detenerse, no rendirse, y nos hizo repetir a todos dos veces: «Me comprometo a no rendirme».

Después nos dijo que el año pasado hubo siete llamadas de rescate al 911 de personas que lo único que tenían era cansancio; «No hagan eso, por favor». Nos advirtió que no podíamos quedarnos en la noche en el camino entre dos estaciones ya que era peligroso por el frío, y que si veíamos a un corredor detenido era nuestra obligación ayudarlo a llegar al siguiente puesto de abastecimiento. «A partir de este momento somos familia, estos valles y estas montañas son su casa, los queremos a todos bien de regreso el domingo, no se detengan por nada a menos que alguien se los diga, ¡nos vemos mañana!», finalizó. Mientras estaba en la plática llegó Luis Guerrero con Antonio Chalita, esa fue la primera vez que lo vi, pero después de Leadville, Chalita y yo empezamos a entrenar juntos e hicimos una muy buena amistad.

Para terminar una carrera como esta tienes que estar cien por ciento convencido de que eres capaz y yo lo estaba. En la tarde, Ale y yo entregamos mis cuatro maletas para que las llevaran a cuatro puntos diferentes de la carrera, tenían comida, calcetines, bloqueador, lámpara, chamarra, etcétera, lo que necesitaba para sobrevivir las siguientes treinta horas. Me dormí temprano y me levanté a desayunar a las dos de la mañana, me vestí y me fui a la salida. La carrera empezó a las cuatro y con cerca de cero grados. Cuando arrancamos en el micrófono dijeron: «¡Suerte, corredores, aquí los esperamos mañana!» Eso me sacó de concentración.

La carrera sale de Leadville y recorre ochenta kilómetros hasta Winfield y de regreso, mi estrategia era irme lento la primera mitad para tener fuerza para el retorno. Cuando salí me empezó a molestar la rodilla izquierda, me preocupé. «Qué fraude correr diez kilómetros aquí y tener que salirme», aunque poco a poco se me fue quitando. Los primeros cincuenta kilómetros son más fáciles que la carrera de Cima a Cima (de Tres Marías a la Marquesa, que había corrido en febrero) y además ahora no tenía las uñas enterradas como esa vez; si me iba despacio llegaría muy tranquilo al kilómetro cincuenta. Tuve problemas para ubicarme en el presente, en lugar de pensar en la siguiente estación pensaba en la noche, me fijaba en el camino para no perderme de regreso, siempre pensaba en la noche.

Llegué muy bien a la estación de Mayqueen en el kilómetro veintiuno, y saliendo de ahí empezó la subida hasta Powerline; todos caminábamos y a mí me estaba costando trabajo. Llegué a la cima y al empezar la bajada ya no podía correr, tenía un dolor extraño en las piernas, aunque era el mismo que sentí en la carrera de cien kilómetros de Miwok cuando me detenía de los árboles, y como esa vez el dolor insoportable nunca llegó, pensé: «Ahorita se quita», y no me preocupé.

Me costó mucho trabajo llegar a la estación de Fish Hatchery, lo bueno fue que ahí estaban Ale, Nico e Inés, les pedí que me pusieran hielo en las piernas; mientras comí me llenaron las botellas de agua, me pusieron bloqueador, dejé la lámpara y me puse los lentes obscuros. Cuando salí nueve minutos después hacia Half Moon no podía correr, mis piernas no estaban bien. Hice lo que podía: caminar rápido. Poco a poco empecé a sentirme mejor. Una corredora me dijo que teníamos que llegar a Half Moon antes de las once y veinte para pasar el corte, jamás me imaginé que iba a tener problemas con el corte, iba realmente lento. Ya me sentía bien, empecé a correr y llegué a Half Moon a las once con catorce minutos, ¡uff! A partir de ahí me empecé a fijar en el tiempo límite. Twin Lakes a las dos de la tarde y me sentía muy bien, no tendría problemas para llegar.

Dos kilómetros antes de Twin Lakes le pegué a una piedra con el pie derecho y se me rompió la uña del dedo gordo, el dolor era inmenso. «Perfecto, así no puedo seguir. Se acabó.», y luego: «Me comprometo a no rendirme». Llegué a Twin Lakes (km 64), no sé si a mí me dio más gusto ver a mis amigos o a ellos a mí. No me podía rendir; otra vez hielo en las piernas, a partir de ahí sigue la parte brutal de Leadville. Twin Lakes es el punto más bajo de la carrera, a dos mil ochocientos metros, y de ahí los siguientes ocho kilómetros llevan al punto más alto, el mítico Hope Pass, que está cerca de los cuatro mil metros. Tenía dos horas para llegar, estaba seguro de que lo iba a lograr.

La subida a Hope Pass fue mi mejor momento de la carrera, rebase a más de cincuenta corredores y llegué al corte justo a tiempo: 4:15 p.m. Estaba convencido de que terminaría la carrera. Ahí en la cima, en Hope Pass, fue donde vi a las llamas y le di mi botella al niño para que la llenara, pero ese niño nunca me alcanzó y me quedé con una botella nada más. «Toma mucha agua y no te rompas», me habían dicho la semana pasada.

Justo empezando la bajada muchos corredores se tiraban en el piso para descansar, yo seguí caminando y me encontré a una mujer en cuclillas recuperándose, me acerqué para preguntarle si estaba bien y me dijo que sí, cuando la vi me di cuenta de que tenía una prótesis, ella estaba corriendo Leadville con una sola pierna, «¿De qué me puedo quejar?».

Después de Hope Pass sigue Winfield, otros ocho kilómetros pero ahora de bajada, en menos de una hora iba a llegar a Winfield y a partir de ahí Nico me acompañaría en el regreso. Iba a terminar la carrera. Empezando la bajada me encontré a Luis Guerrero, que venía de regreso y tenía cara de sorpresa, «Muy bien, Mario», creo que no se imaginó que yo llegaría hasta ahí. Luego vi a Chalita, a quien conocí en la plática del día anterior, y me dijo: «Esto está cabrón, Mario, vete despacio, recupérate, porque llegando hasta abajo regresas por esta subida». Chalita tenía razón, no había ninguna prisa y era mejor recuperarme, dejé de correr y empecé a caminar. No sé qué pasó después en esa bajada, se me acabo el agua, corrí, caminé, se me bajó el azúcar, me acuerdo de que vi a una gringa tomando agua de un río y le presté mi botella para que tomara de ahí, luego me comí el sándwich que traía en la bolsa de la chamara. No terminaba la bajada, le preguntaba a cada corredor que venía de regreso cuánto faltaba y decían cosas diferentes. Todos los corredores me decían: «*Good job*». Cuando por fin vi la estación de Winfield, el siguiente corredor me dijo: «Lo siento», «¿De qué está hablando?». Varios me dijeron lo mismo y entonces me di cuenta de que no había llegado al corte por unos minutos. Todavía no sé cómo no pude hacer ocho kilómetros de bajada en dos horas, pero así fue. Se acabó Leadville para mí.

Cuando llegué a la estación vi a Ale y a Nico, me felicitaron, ellos pensaban que iba a estar muy enojado o frustrado por el corte. Yo estaba mareado y no me acuerdo bien, pero Ale cuenta que le dije: «No puedo más, la montaña me hizo humilde». Me metí al río y sentía muchas cosas diferentes, tranquilidad por no tener que volver a subir, pero también confusión, un poco de tristeza y no sé qué más. Al otro día, cuando me desperté, sólo sentía una gran pena con Nico, él había entrenado para acompañarme en la segunda mitad; viajó a Leadville, estuvo conmigo desde la salida, me fue a ver a todas las estaciones, yo lo dejé plantado en el kilómetro ochenta.

Cuando estoy expuesto a un cansancio extremo como el del día anterior, aprecié mucho más cualquier ayuda, mensaje o muestra de cariño, y eso sentía por mis amigos que habían hecho tanto por mí durante la carrera, por eso tenía tanta vergüenza con Nico; entonces le escribí un mensaje para decirle esto y me contestó que no debía arrepentirme, que no tenía ninguna deuda con él. Nico es mi mejor amigo y ya tendríamos tiempo para desquitarnos en una carrera de cien millas. Después nos fuimos a la meta para observar la llegada de los últimos corredores, es impresionante verlos terminar una carrera de cien millas; el desgaste es muy grande y se nota en sus caras, hay muchas emociones y casi todos cruzan la meta con alguien; «Me imaginé cruzando la meta con Ale, Inés y Nico, me hubiera gustado darles ese regalo..., ni hablar».

Chalita no llegaba cuando quedaban pocos minutos para que terminara la carrera, caminamos para buscarlo pero nunca lo vimos. La semana siguiente me platicó que se desmayó un kilómetro antes de la meta, quedó tan cerca que no le dieron la hebilla por completar Leadville, pero sí una medalla. Poner tanto esfuerzo en algo y que termine así es triste. Ahora, cuando me preguntan si terminé Leadville no puedo contestar que sí, pero tampoco tengo una serie de pretextos y quejas de por qué no terminé, lo que tengo es una gran experiencia y una razón de para qué no terminé.

Siempre pensé que el reto en Leadville era correr cien millas en menos de treinta horas y para eso entrené durante meses, pero sin darme cuenta me estuve preparando para algo más importante. El verdadero reto en Leadville para mí fue aceptar que no conseguí algo en lo que puse un enorme esfuerzo. Esa es la experiencia que me tocó tener ese día, y entendí que terminar o no la carrera no me haría más feliz ni mejor persona, pero aprender a aceptar la realidad, sí.

CAPÍTULO 19
ME SIGUE FALTANDO ALGO

Cuando regresé de Leadville pasó justo lo que nos dijeron en la plática del día anterior a la carrera, la gente me preguntaba: «¿Terminaste?», y obviamente no podía decir que sí pero tampoco pasaba media hora explicando las razones por las que no había terminado, sólo decía: «Hice la mitad». «¿La mitad?». Qué iluso era en ese momento, en efecto, llegué al corte del kilómetro ochenta en Winfield, y ochenta es la mitad de ciento sesenta, pero la segunda mitad de una carrera de cien millas no tiene nada que ver con la primera ni con nada que yo hubiera vivido hasta ese momento. De eso me iba a dar cuenta unos meses después durante el campeonato nacional de cien millas de Estados Unidos, Rocky Raccoon, en Huntsville, Texas.

Después de Leadville no tenía ganas de revancha ni me sentía frustrado por no haber terminado, pero me seguía faltando algo; Leadville había ocupado parte de mi mente y mi tiempo todo ese año, y a pesar de estar inscrito en otras carreras no tenía una que representara un gran reto. Tres días después de regresar me habló Luis Guerrero y me felicitó por haber subido hasta Hope Pass: «Llevamos muchos años en este planeta, somos muchos los que estamos aquí y muy pocos han hecho, lo que tu hiciste el sábado», me dijo. Después me propuso inscribirme a las cien millas de Rocky Raccoon en febrero, cuando me dijo eso yo iba manejando y estaba entrando al estacionamiento de mi oficina. No lo dudé, llegué a mi computadora y me inscribí en ese momento. Las ganas de entrenar habían regresado..., cien millas otra vez.

Esta vez no sólo se me cayeron las uñas como después de otras carreras, ahora se me infectaron. Roberto Nevárez, mi amigo doctor, me revisó y me dijo: «No me gusta cómo se ven», y unas horas después me empezaron a doler los dedos gordos de los pies como si fueran muelas, no me pude poner zapatos y mucho menos correr en una semana. Justo cuando mejoré de las uñas y pensaba volver a correr, me empezó a doler la espalda baja, era muy raro porque me dolía más acostado y no podía dormir bien; fui con dos o tres doctores y no me encontraron nada. Durante los días en que me dolía la espalda corría pero muy poco. Dormía boca arriba en el piso, pero era inevitable despertar en la noche, hasta que llegó el día en que me sentía bien otra vez; estaba corriendo en el Desierto de los Leones y faltaban tres semanas para una carrera de cien kilómetros a la que me inscribí como preparación para Rocky Raccoon.

Ese día fui a descubrir un camino nuevo cerca del convento en el bosque, en la parte que está debajo de la carretera; me preocupaba un poco no poder terminar la carrera de cien kilómetros por falta de entrenamiento, pero creía que si empezaba bien ese día lo podría hacer. Eran los últimos días de septiembre, el día anterior había llovido mucho y el camino estaba mojado, iba por una bajada perfecta para correr, o sea, no muy empinada, y el piso era plano; me encontré un árbol caído, aceleré para brincarlo y al llegar ahí, justo cuando acababa de dejar el piso, dudé: ¿qué habrá del otro lado? Entonces cambié el plan y decidí pisarlo. Al siguiente segundo estaba acostado en el piso boca abajo y no entendí nada, «¿Qué pasó?», y me acordaba más o menos; pisé el tronco y me resbalé, caí de lado sobre él, una de las ramas se me clavó en las costillas y oí cómo se rompía la rama —¡*crack*!—. Luego levanté la cara y no vi una rama rota, me revisé la chamarra y tenía sangre, me paré y sin pensar empecé a caminar hacia la carretera porque podían pasar días sin que alguien pasara por el lugar donde estaba. Llegando a la carretera pedí un aventón y un señor me llevó hasta mi coche; cada vez me dolía más, al final fue una costilla rota y dos fisuradas, «Adiós a los cien kilómetros», con suerte iba a recuperarme para el maratón de Nueva York a principios de noviembre.

Primero las uñas, luego la espalda y después de esto dormí sentado cuatro semanas, era como si alguien quisiera que me quedara quieto. Fue una etapa muy rara, después de correr tanto esos meses era difícil no moverse, pero poco a poco lo fui aceptando. Unos días antes de la caída una amiga me habló para decirme que una fundación que se dedica a dar educación gratuita a hispanos en Nueva York necesitaba diez corredores para el maratón que iba a ser seis semanas después. Le pregunté a Ale si quería ir en lugar de hacer el de Houston en enero y me dijo que sí, además era por una buena causa. Ahora Ale tenía que preparar un maratón en seis semanas, así es que le habló a Chi para entrenar con él; se puso en manos del Mago.

Empecé a correr sólo unos días antes del maratón, mi cuarta vez en Nueva York —toda una experiencia— y ya no sentía los nervios o las ansias de las otras tres veces, no quería demostrar nada, nada más lo quería compartir con Ale y así fue. Corrimos los cuarenta y dos kilómetros juntos todo el tiempo; yo llevaba mi botella de agua y no dejaba que se parara en los puestos de abastecimiento, le peguntaba qué quería tomar y me adelantaba para llenar mi botella. En los momentos difíciles le hablé, le eché agua en la cabeza, en Central Park Ale ya no hablaba, yo solamente la acompañaba y la esperaba, cruzamos la meta juntos, ella estaba feliz igual que yo.

Además de Toño ahora también entrenaba con Chalita, mi nuevo amigo que conocí en Leadville. Chalita ya había terminado en esa época ocho carreras de cien millas y unas más largas; él es una de las personas más tenaces que he conocido, no se detiene y decidí hacerle caso en todo lo que me dijera al prepararme para Rocky Raccoon. Tres semanas después del maratón fui otra vez a la dura carrera de El Chico, Hidalgo (cuarenta kilómetros), me recordó la diferencia entre la calle de Nueva York y la montaña. La semana siguiente organizamos un entrenamiento de cien kilómetros en el Desierto de los Leones para ayudar a un albergue de perros, la inscripción para participar era un costal de comida para estas mascotas por cada persona que quisiera participar en el entrenamiento; fueron tres vueltas de treinta y tres kilómetros.

Dos semanas antes de Rocky Raccoon, Ale me acompañó a Houston para que yo corriera el maratón con Nicolás y Mecit como lo habíamos planeado hacía casi un año en la cena de casa de Mecit. Para Nico era muy importante este maratón, quería correrlo en menos de cuatro horas y yo lo iba a acompañar todo el camino. Mientras él descansaba, el sábado en la noche fui a cenar con Mecit y platicamos de las cien millas. Rocky Raccoon se hace en un circuito de veinte millas al que se le dan cinco vueltas, debido a que regresas cinco veces al mismo lugar hay corredores que instalan una tienda de campaña en donde dejan sus cosas, eso me lo había recomendado Chalita hace unos días. Le conté a Mecit y me dijo: «No tengo todo lo que vamos a necesitar pero no te preocupes, yo me encargo». Al otro día partimos Nicolás y yo de su casa hacia la salida del maratón; desde la última vez que corrió uno ya habían pasado casi dieciocho años, así es que sentía como si fuera el primero. En el camino nos acordábamos de Nueva York, de cómo nos estábamos congelando antes de la salida y de ese sentimiento de *rockstars* cuando logramos terminarlo.

Como el maratón de Houston no es muy grande, es decir, no lo corre tanta gente como el de Nueva York o el de Chicago y además la ruta es plana, esta vez no nos perdimos uno del otro. Nico había entrenado muy bien y estaba preparado para hacerlo en menos de cuatro horas. Yo sabía exactamente lo que había que hacer para terminar en el tiempo que quería Nico y él sólo me siguió todo el camino; dentro de dos semanas estaría yo siguiéndolo a él. En los últimos kilómetros le tuve que decir algunas cosas para que lo lograra y lo hicimos, Nico y yo estábamos felices. ¡Nos vemos en Rocky Raccoon!

CAPÍTULO 20
LA NOCHE DE HUNTSVILLE

*"Los mejores viajes en la vida son aquellos que contestan
las preguntas que nunca se te hubieran ocurrido"*

Rich Ridgeway

Mecit y Ale me gritaban: «Vete, vete. Es tu carrera»; eran los últimos metros de los ciento sesenta y un kilómetros de Rocky Raccoon en Huntsville, Texas. Ellos me habían acompañado los últimos treinta y dos, y llegaba el momento de terminar. Estaba lloviendo y hacía mucho frío, era el segundo amanecer que veía en esa carrera veintiséis horas después de haber arrancado. Yo quería llegar con ellos a la meta pero insistían en que me fuera. Aceleré por un camino lleno de banderas de colores que llevaba al final de la competencia. Justo antes de cruzar la meta volteé para atrás, Ale venía muy cerca de mí y estaba llorando porque, no sé cómo, de alguna manera se dio cuenta de que algo había pasado. Cuando acabé no sentí la euforia de otras carreras, me sentí en paz.

Dos días antes Ale y yo estábamos en Houston en casa de Nico e Inés. Al medio día llegó Mecit, mi amigo turco que también me ayudaría en las 100 millas; con él tengo una de esas amistades que se dan en estas carreras y que él describe como *"friends for life"*. Ale, Nico, Mecit y yo nos fuimos a Huntsville. Llegamos a recoger los números y a la plática de introducción de la carrera, después pusimos nuestra tienda de campaña en la meta, donde estarían ellos todo el día y donde yo podría verlos al terminar cada una de las cinco vueltas de veinte millas. Mecit había conseguido todo para el campamento: una mesa, sillas, hielera, una cama y hasta una bicicleta, todo lo que yo le había pedido.

Nico y Mecit se regresaron a Houston y Ale y yo nos fuimos al hotel, cenamos y me sentía muy tranquilo. Chalita, Luis Guerrero, Toño Garcia, Morris y los hermanos Vega llegaron a nuestro cuarto a recoger su número; comentamos los últimos detalles de la carrera y quedamos en vernos en el *lobby* a las cuatro cuarenta y cinco, la carrera empezaba a las seis. Llegué al día de Rocky Raccoon veintitrés meses después de haber hecho mi primer ultramaratón en Urique; en este tiempo, entre carreras y entrenamientos había hecho más de veinte maratones y ultramaratones.

Eran las cinco de la mañana cuando llegamos a la salida, sorprendentemente, a pesar de estar en invierno, hacía calor, más de veinte grados; dejé en la maleta guantes, mangas, chamarra y gorro, también había mucha humedad. Pensaba en la carrera de Miwok de cien kilómetros, cuando la terminé me sentía muy bien; así debía terminar las tres primeras vueltas y así fue. Durante esas trece horas hice lo que me gusta hacer y lo que creo que debo hacer: estar en el momento presente, pensar todo el tiempo en la carrera, la cantidad de agua que tengo en la botella, lo que he comido, la siguiente subida o curva, identificar si algo me está molestando, no pisar las raíces (muchos dicen que esta carrera se debería llamar *Rocky root*), en la ropa que debo usar, en la hora a la que me voy a cambiar, si necesito lámpara o no para el siguiente tramo, cuántas pilas debo llevar en la bolsa, tomar una pastilla de sal cada hora, Tylenol, etcétera. Estaba en ese estado de consciencia que se alcanza después de muchos kilómetros, un poco mareado, muy receptivo, con una sensación de ligereza, sin carga, sólo el camino importa, no hay preocupaciones además del cuerpo; en fin, así pasaron los primeros noventa y seis kilómetros y con estos un amanecer, un día completo y un atardecer.

Cuando oscureció llegué al campamento otra vez, había terminado tres de las cinco vueltas, me sentía muy bien excepto por las ampollas en los dedos de los pies. Todavía hacía mucho calor. Me quité los tenis y vi que tenía los pies llenos de ampollas. Chalita estaba enfrente de mí y cuando los vio me regaló una jeringa de las que usan las personas con diabetes para inyectarse insulina. Mientras me tomaba un litro de agua de coco Ale me sacaba el líquido de las ampollas con la jeringa, me puse unos pantalones de compresión para la noche y unos tenis medio número más grande porque ya se me habían hinchado los pies.

Nico estaba listo para venir conmigo a las siguientes veinte millas. Al empezar la cuarta vuelta tenía las piernas totalmente entumidas, primero corrí trece horas y ahora había estado sentado por treinta y cinco minutos. Nicolás estaba conmigo —mi compañero de tantas aventuras—, sólo dos semanas antes habíamos terminado juntos el maratón de Houston y ahora estaba aquí apoyándome y haciendo lo que se necesitara para que yo pudiera acabar. Poco a poco fui aflojando las piernas y me sentí mejor, le pedí a Nico que no corriéramos en las subidas porque ya me costaba trabajo, mientras el camino era plano o de bajada corríamos y cuando llegábamos a una subida yo empezaba a caminar y él me decía: «Buen esfuerzo».

De noche todo se ve diferente, era la cuarta vez que pasaba por el mismo lugar pero parecía la primera, casi no reconocía nada. Nicolás traía un reloj con el que podía medir la distancia y todo el tiempo iba pendiente de él. Cuando llegamos a la milla siete, para animarme me dijo: «Ya llevamos un tercio de la vuelta», pero en lugar de sentirme bien con ese comentario lo que hice fue calcular: «Siete más sesenta de las otras tres vueltas son sesenta y siete millas, ¡me faltan treinta y tres!». Todavía tenía más de cincuenta kilómetros por delante y ya estaba cansado, eso me pesó. Ahí empezó la parte difícil.

Al empezar una subida me detuve para jalar aire, todavía hacía calor y la humedad era muy alta; me puse las manos en las rodillas y agaché la cabeza viendo el piso mientras respiraba por la boca lo más rápido y profundo que podía. Nico estaba atrás de mí y divirtiéndose me dijo: «Hasta con una patada en el culo avanzas, así es que tú dime, ja, ja»; se me hizo chistoso su comentario pero ya no tenía fuerza para reírme, me levanté y seguimos. Empezó a amanecer, no se veía el sol porque había mucha neblina, era uno de esos amaneceres más blancos que dorados, pero de cualquier manera ya había luz y ésta hace que todo se renueve. Es como volver a empezar, se acaba el dolor y regresa el ánimo.

Llegamos a un rancho, había establos de madera, como cuatro o cinco a los dos lados, y nosotros íbamos corriendo en medio de ellos por un camino de pasto que tenía dos líneas de tierra de las que hacen los coches al pasar muchas veces; se veía que nadie se había despertado, todo estaba muy quieto y en paz. Le quise sacar plática a Nico, y no sé por qué pero yo sabía quién era el dueño del rancho, entonces le dije: «Mira, ya llegamos al rancho de este güey», y en eso oí que con sorpresa me dijo: «¿De qué estás hablando?». Su grito hizo que obscureciera otra vez, que desapareciera el rancho que me había imaginado y que regresara todo el dolor, eran las once de la noche. «Perdón Nico, me perdí», y seguimos. Llegamos a una calle que teníamos que cruzar, él me dijo que ahí terminaba la vuelta, estaba como treinta metros adelante de mí, me detuve y le pregunté cuánto faltaba.

—Ahí está, ya llegamos.

—¿Tú ves el final?

—No, pero no falta nada.

—Quiero que lo veas.

Él, con mucha paciencia, cruzó la calle mientras yo esperaba parado, avanzó un poco y me dijo: «Ya de aquí lo veo»; empecé a correr, lo alcancé y nos fuimos juntos. Terminamos la vuelta en cinco horas y media, sin duda con Nico fue mucho menos difícil. «La parte final de una carrera de cien millas puede ser un lugar muy solitario», me había dicho Steve por teléfono unos días antes, había completado ochenta y ya me empezaba a dar un poco de sueño. Llegamos al campamento, la cuarta vez para mí, y ahora Ale y Mecit vendrían conmigo a la quinta vuelta. El campamento ahora parecía zona de guerra con corredores dormidos, retirados o quejándose, y estaba muy obscuro. Yo quería entrar y salir rápido para no entumirme como en la vuelta anterior pero las ampollas me molestaban; me quité los tenis y los calcetines, vi que en medio de todas esas ampollas todavía tenía pies. Ale me volvió a sacar el agua con la jeringa.

A pesar de ser invierno y de madrugada seguía haciendo calor, veinte grados tal vez, así que no fue necesario llevar las chamarras ni los guantes. Mecit y Ale agarraron sus lámparas, pilas de repuesto, sus botellas de agua y nos fuimos a correr la última vuelta. Pero cuando me paré para seguirlos hacia la línea de salida no pude caminar, a pesar de haberle quitado el agua a las ampollas me seguían doliendo, era insoportable, no podía dar un solo paso y pensé: «No puedo pero lo voy a hacer». Les grité para que se regresaran y me acompañaran al doctor. Llegando a la enfermería, que estaba a sólo unos pasos de nuestra tienda de campaña, la doctora me quitó los tenis y vio mis pies.

—¿Cuántas vueltas te faltan —me preguntó.

—Una.

—Ok, no sé cómo van a acabar tus pies pero te voy a hacer algo para que termines la carrera.

Me sacó más agua de las ampollas, me untó una pomada y me vendó los pies, después me puso otra vez los calcetines y los tenis. Salí de la enfermería caminando y las ampollas me dolían pero sí podía seguir, estuve sin correr casi cuarenta minutos y ahora no tenía las piernas entumidas sino como pegadas, no podía abrirlas y sólo daba pasos muy cortos. Reconocí el lugar donde Nico me había dicho que era una milla y se los comenté:

—No puede ser —dijo Mecit.

—¿Por qué no? —le pregunté.

—Llevamos veintinueve minutos, a este paso no vamos a acabar, todavía faltan diecinueve millas.

Él tenía razón, y a pesar de seguir con las piernas pegadas empecé a correr otra vez muy lento. Cuando Ale vio que arrancaba me gritó: «¡Bravo!», y eso me recordó cómo le decía a mis hijos cuando aprendían a caminar.

Misma estrategia que en la vuelta anterior: correríamos en las bajadas y en lo plano y caminaríamos en las subidas donde yo ya no podía; así nos fuimos hasta Dam Nation, la estación que estaba en la milla seis de la vuelta (ciento treinta y ocho kilómetros). La temperatura había bajado muy rápido y estábamos más o menos a cero grados; habíamos dejado las chamarras en el campamento y en la mochila que yo tenía en la estación sólo había un gorro, unos calcetines y dos playeras que nos repartimos entre los tres.

Por primera vez desde que empecé la carrera quise saber la hora y pregunté, «Las cuatro con dieciocho», me dijo Mecit. Iniciamos esos diez kilómetros que nos llevarían a la siguiente estación y ellos empezaron a correr en la subida, tal vez por el frío. «Dale, Mario, no está tan empinado», me dijo Mecit; yo trataba de seguirlos pero me costaba mucho trabajo, entonces les pedí que caminaran y me empezó a dar mucho sueño. Yo creo que el sueño fue lo más difícil de toda la carrera, más que las ampollas y el dolor en las piernas. Me estaba quedando dormido corriendo, había unas bancas verdes de metal, las típicas de parque por todos lados junto al recorrido, yo me quería dormir en una. Hasta había imaginado la posición: Ale se podría sentar junto a un descansabrazos y yo me acostaría bocarriba con la cabeza en sus piernas mientras Mecit tomaba el tiempo, diez minutos. Entonces les comenté mi plan:

—Déjenme dormir en una banca diez minutos.

—No, ¿verdad que no se puede dormir Ale? —preguntaba Mecit.

—No, no se puede dormir.

Y yo veía a Mecit y pensaba: «*Fuck you*». Y cada vez que veía una banca otra vez les decía: «Déjenme dormir». «No». «*Fuck you*», y esa fue la plática, mucho tiempo sin dejar de avanzar. Ellos pensaban que si me dormía podían pasar dos cosas: que ya no me iban a poder levantar o que me diera hipotermia, así que no me iban a dejar hacerlo. Después cedieron parcialmente:

—Ok, te puedes dormir pero en la estación donde hay calentadores y cobijas —me dijo Mecit.

—Falta una hora para llegar ahí, no puedo.

—En la estación.

—*Fuck you*.

Mientras avanzaba era como estar en la casa de los sustos y salir de un cuarto oscuro para entrar a uno peor. Después me dieron náuseas y empecé a vomitar; como no me dejaban dormir, pensé fingir que me desmayaba, ya no podía más, sólo me dejaban descansar para ir al baño, así que fui como cuatro veces. Seguíamos caminando y en algún momento traté de ir más rápido. «Ok, vamos a correr», les dije, pero no veía nada, pisaba las raíces y me tropezaba.

—Mi lámpara no tiene pilas, carajo. Dame unas pilas, Ale.

—Sí tiene pilas.

—Pues yo no veo nada, dame unas pilas.

Cambié las pilas de mi lámpara y veía mejor, o eso pensaba yo.

—¿Ves?, no estás tan mal, sí pudiste cambiar las pilas —me dijo Mecit.

"F*uck you*", grité en mi mente. "Déjenme dormir."

—No. *Fuck you* —pensé otra vez.

Mecit me detuvo del brazo.

—¿Te sirve si camino así junto a ti?

—No, tengo sueño.

Mecit me dijo que tomara agua.

—Si ustedes no me dejan dormir, no tomo. Me metí a la boca agua de mi botella y la escupí.

Hasta ese momento de la carrera pensaba que yo era el más importante, yo era el corredor, por lo tanto yo tenía razón en todo. Mecit y Ale estaban ahí para ayudarme, para servirme, pero entonces algo increíble pasó, en ese estado brutal de cansancio y de dolor en el que apenas me acordaba que estaba en una carrera, cuando ya no me quedaba nada, en ese momento en el que todo lo que pensaba que yo era: mis logros, mis hijos, lo que he aprendido y lo que pensé que sabía, las cosas que creía que tenía y todo lo demás que tiene que ver con "yo, yo, yo", todo eso con lo que pude crear una imagen durante años y que —según yo— es lo que las personas entienden y saben de mí, ahora estaba reducido a una persona con el físico destrozado que caminaba por una brecha de tierra, y cuando parecería que era el momento en que más necesitaba la ayuda de otra persona, involuntariamente dejé de pensar en "mí".

Así de simple me olvidé de "mí", en ese preciso instante dejé de poner a Mario por encima de todo, como había sido siempre, desde el día en que nació Mayte, mi hermana, y que me enojé porque ella no era niño, más bien desde el día que dije por primera vez la palabra *yo*. Es decir, no es que haya pensado en Mecit y Ale o que los hubiera considerado, no me puse en sus zapatos, no, sino que quizá por primera vez en mi vida en verdad los puse a ellos o a cualquier otra persona antes que a mí.

Dejé de ponerme a mí... ¿Cómo? ¿Ponerme a mí?... Pero entonces, ¿quién es ese que dejó de ponerme a mí por encima de todo?... Sucedió así nada más, yo no lo busqué ni lo quise, no lo provoqué, así pasó, pero nunca se me va a olvidar ese momento en el que pude darme cuenta de que en realidad yo soy y siempre he sido el que está del otro lado de la pared. Esa pared que construimos alrededor nuestro, la cual es esa imagen o ese personaje que todos inventamos y que en mi caso se llama Mario, con el que tratamos de diferenciarnos pero que sólo nos hace sentir separados de los demás, al que todo el tiempo alimentamos con logros, experiencias y hasta con cosas materiales porque pensamos que lo hacemos más valioso, interesante o atractivo, que eso nos hace ser mejores y que por lo tanto, conseguiremos la aprobación de los demás. Por eso lo defendemos cuando alguien lo ignora, lo critica o lo ataca, y somos capaces hasta de entrar en un conflicto con otra persona. Es al que la mayoría de las veces ponemos por delante y que nos estorba al tratar de relacionarnos con otros porque siempre necesitamos satisfacerlo al él primero. Vivimos tan pendientes de él y llevamos tanto tiempo haciéndolo, que nos atrapa, nos hace vivir bajo sus reglas y creemos que somos ese personaje cuando en realidad somos mucho más, somos el ser inteligente que lo creó, que le da vida y que lo observa.

En ese momento, a pesar de estar cansado y cuando supuestamente no tendría nada que dar sentí algo como: «¿En qué puedo ayudar?», en lugar de lo que había pensado toda mi vida: «¿Qué es lo que a mí me conviene?». Y al sentir eso también dejé de tener esa necesidad de logro, de conseguir todas las cosas para mí y alimentar a mi ego, que no tiene fondo y que siempre quiere más. Sentí una paz inmensa, en ese momento todo era perfecto. Estaba ahí, me faltaban quince kilómetros para acabar la carrera, si quería llegar a la meta tenía que moverme, pero ahora todo estaba bien, me había rendido, ahora no tenía que luchar y ya no tenía la necesidad de conseguirle a Mario el logro de terminar la carrera.

—¿Alita, tú tienes frío?

—Sí, mucho.

—Vamos, eso no está bien, hay que movernos, ya estamos cerca del lago, ya casi.

Ahora solamente el frío me molestaba, me olvidé de las ampollas, del sueño, de las náuseas y de todo lo demás, sólo pensaba en sacar a Mecit y sobre todo a Ale de esa situación, ahora podía seguir y así fue como empezamos a correr otra vez. Me llené de una energía que no había sentido nunca, no pensaba en cruzar la meta, en sentirme orgulloso, en la medalla ni en la gente que me había mandado mensajes antes de la carrera, no tenía miedo de desilusionar a nadie, ni siquiera a "mí". Podía mover las piernas sin dificultad, pisaba los charcos, sentía la lluvia en la cara, respiraba, me sentía liberado.

Llegando a la estación ya no tenía sueño, llenamos las botellas de agua y comimos algo rápido; ¡trece kilómetros más y ya! Empezó a amanecer, ahora llovía más fuerte, yo seguía lleno de energía y ahora eran ellos los que no me alcanzaban a mí. Corría, me adelantaba y los esperaba. Menos de un kilómetro antes de la meta me senté en una banca a esperar a Mecit y a Ale; mientras los veía acercarse recordé que esa noche no estuve solo pero que realmente nunca lo había estado. Recordé frases que me había dicho mucha gente durante esos meses: «Es por aquí», «Hazle como yo», «Tómate esto», «Así nada más», «Te espero», «¿Qué necesitas?», «Paso por ti», «Yo te ayudo», «Buen esfuerzo», «Levántate», «Camina si quieres», «Aquí estoy yo», «Vámonos juntos», «Yo te llevo», «Te acompaño».

Correr en la montaña durante horas parece un deporte muy solitario pero no lo es, como tampoco lo es nuestra vida, y el verdadero placer no está en el logro sino en ayudar a los demás. Cuando llegaron a la banca donde yo estaba les dije: «No me podía ir sin sentarme en una de estas», ellos en broma me contestaron riéndose: «Ahora sí te puedes dormir si quieres». Aunque finalmente seguí hasta la meta, por supuesto que me pude haber quedado en la banca, eso para mí ya había terminado y ya no sentía la necesidad de acabar la carrera. Esa noche en Huntsville entendí que estoy bien y que la vida no es una lucha, es para disfrutarla. Ya no necesitaba una hebilla, el reconocimiento ni el logro, ahora estaba en paz. Fui buscando terminar una carrera y encontré mucho más que eso.

Los favores que hizo Mecit antes y durante la carrera no acabaron cuando llegamos a las cien millas. Crucé la meta con Ale y Mecit se quedó atrás, no lo vi, seguía lloviendo y la gente que observaba llegar a los corredores se metió debajo del techo de una carpa que estaba como a cincuenta metros enfrente de la línea de meta para no mojarse. Yo seguía sintiendo una paz enorme y de pronto una persona salió de la carpa, era Luis Guerrero con su cámara, nos había esperado a Chalita, a Toño y a mí para vernos cruzar la meta

Hacía poco más de dos años yo entré a la tienda de Luis con la ilusión de hacer un ultramaratón, para pedirle consejos, y ahora que había cruzado la meta de las cien millas él estaba ahí sonriendo y nos sacaba fotos a Ale y a mí, se veía orgulloso de que uno más de sus alumnos lograra correr cien millas. Después entré a la carpa, no estaba feliz por haber acabado, al contrario, sentía hasta un poco de nostalgia, la película había terminado. Me cortaron con unas tijeras la pulsera que traía en el tobillo con el *chip* que registró mis tiempos y me dieron una hebilla por haber terminado la carrera. Salí de la carpa y vi a Mecit, nos reímos; ahora cuando lo veía no pensaba «*fuck you*» como horas antes, él se veía feliz, nos sacamos una foto Ale, él y yo con la hebilla, luego llegó Toño, nos sacamos otra y nos reíamos, ¡lo hicimos!

Ahora teníamos que recoger todas las cosas de Mecit en el campamento, cuando llegamos oí que Chalita me decía: «Cien millas, Marito, cien millas». Sí, Chalita. Él estaba en alguna de las tiendas de campaña de junto pero nunca salió, estaba más dormido que despierto, sólo seguía diciendo: «Cien millas, cien millas». Sentí que tenía que ayudar a Mecit, recogí algo no muy pesado, creo que una caja, y caminé hacia el coche, llegué a la puerta del copiloto y Mecit, que venía atrás de mí, me decía: «Deja eso, Mario, yo me encargo». Me puse una sudadera seca, me senté en el asiento del copiloto y todo el sueño que tuve durante la carrera regresó, pero esta vez ya no tenía que luchar, me dormí. Oí cómo Mecit se subía al coche y escuché la voz de Ale en el asiento de atrás. Nos llevó al hotel, al llegar a la puerta me despertó, «Ahora descansa, Mario», y le di las gracias por todo lo que había hecho ese día.

Ale y yo entramos al hotel, apenas el día anterior habíamos salido de ahí Toño, Chalita, Luis y yo hacia la carrera, pero parecía que había pasado un mes, era una sensación muy extraña. Llegamos al cuarto, todo el cuerpo me ardía por el roce de la ropa durante la carrera y tenía los pies llenos de ampollas y sin uñas. Me metí a bañar con agua tan caliente como mi cuerpo pudo aguantar, después le escribí un mensaje a Nico para decirle que había terminado y me dormí en la cama. Mientras tanto Mecit, sin haber dormido, regresó al frío del campamento a recoger todo: tienda de campaña, sillas, mesa, hielera, etcétera, lo subió al coche y manejó una hora hasta Houston. Me había dicho que iba a pasar a lavar el coche antes de llegar a su casa, así que seguramente así fue, limpió su coche y todas las cosas del campamento que estaban llenas de lodo; después llegó a su casa, podría jurar que entró y abrazó a su hija de veinte años que necesita cuidados especiales las veinticuatro horas. Mecit se encarga de su bebé, como él le dice, todas las noches desde que ella nació, y ese día fue una de las excepciones.

Apenas han pasado dos días de esa carrera y estoy en un cuarto de hotel; Ale salió desde la mañana con unos amigos, pero para mí todavía no es buena idea ponerme los zapatos y menos caminar. Mis pies han mejorado sólo un poco y además me ha costado trabajo dormir. He estado solo todo el día, afuera está nevando, el cuarto es obscuro, no he visto la televisión ni he leído; descanso y me acuesto en la cama a ver el techo, en todo el día únicamente me he puesto las chanclas para salir a comprar una pizza cerca del hotel.

De repente me quedo dormido unos minutos y despierto; tengo sueños raros y me acuerdo de la carrera como si estuviera ahí. Sigo con ese sentimiento que empezó en los últimos kilómetros, cuando yo solamente quería ayudar y pude empezar a correr otra vez; es mucho más fuerte y muy diferente a la sensación de *rockstar* que tuve al terminar el maratón de Nueva York o cuando venía en la camioneta de regreso de Urique.

Entiendo muy bien lo que pasó pero todavía no sé cómo explicarlo. Le mando un mensaje a Nico, me contesta, se me salen las lágrimas, e intento pero no sé cómo decirle lo que me ocurre y terminamos hablando de otras cosas. Van a pasar muchos meses para que yo pueda poner en palabras lo que sucedió esa noche en Huntsville y será hasta entonces cuando pueda escribir este libro. En este momento lo único que puedo decir es que siento una paz muy grande.

Me acuerdo de Mecit, estoy consciente de que sin él la carrera hubiera sido mucho más difícil y le estoy agradecido, ¿cómo pudo ayudarme tanto desinteresadamente? Y entonces decido hablarle. Mecit me contesta el teléfono y cuando le digo que nada más le hablo para darle las gracias otra vez por todo lo que había hecho, su respuesta, como siempre, es muy clara: «Tú lo hubieras hecho por mí, Mario». Estoy seguro de que sí, Mecit.

EPÍLOGO

Me despierto y por un segundo no me acuerdo de dónde estoy, así me pasa casi siempre que estoy de viaje. Dormí muy bien como todas las veces que lo hago fuera de la Ciudad de México. Ya amaneció, veo que la luz entra por un solo punto de las puertas de madera que cubren la ventana, ¡chin!, ¿será muy tarde? Sin hacer ruido para no despertar a Ale me pongo unos *shorts*, una playera y me llevo los tenis y los calcetines en la mano. Salgo al patio y ahí está, esperándome como quedamos ayer en la noche.

—¿Listo, hijo?

—Sí, *pa* —le contesto mientras me pongo los tenis sentado en un escalón.

Estamos en el rancho de mis primos, es domingo y hoy es el último día de este viaje al que vino toda la familia, al rato nos regresamos a la Ciudad de México. Salimos de la casa y estamos en la calle principal del pueblo, mi papá prefiere correr por la calle hasta la carretera en lugar de ir a alguna de las montañas que están por aquí, y yo lo estoy acompañando. De pronto se detiene y ve su reloj, ese es el punto exacto desde el que midió la distancia hasta la carretera, así que ahí vamos a empezar. Comienza a hacer algunos estiramientos para calentar, yo lo imito sin darme cuenta. Cuando está listo me pregunta si yo también, y me dice la distancia exacta que hay entre el punto en el que estamos y la carretera. Echa a andar su cronómetro y arrancamos.

Ya pasó un mes desde Rocky Raccoon y ese sentimiento de paz que encontré ahí sólo me duró cuatro o cinco días, después volví poco a poco a la vida "normal"; ya llegará otra vez y no necesito buscarlo corriendo. Hoy me siento muy bien, no me duele nada, el camino es una terracería y tiene algunas piedras y hoyos, por lo que mi papá me advierte que tenga cuidado y que vea el piso para que no me vaya a tropezar. No estoy entrenando para ninguna carrera, hoy no tengo respuesta para la pregunta «¿Y ahora cuál es la siguiente?», pero no me importa, así estoy bien, tal vez un día llegue otra carrera, ahora no me hace falta.

El camino por el que vamos pasa en medio del campo, el sol apenas se ve por encima de la montaña y todavía no calienta, las pocas personas que pasan junto a nosotros nos dicen: «Buenos días». Vemos varias vacas y muchos borregos, y oímos a algunos gallos. El camino es plano, no hay subidas ni bajadas, mi papá y yo vamos platicando pero a los pocos minutos se queda callado y se dedica a respirar por la boca, yo me retraso un poco y ahora en lugar de correr junto a él lo voy siguiendo. Unos quince minutos después, al llegar a la carretera, no se detiene, hace una vuelta en "U", ve su reloj y, aunque parece obvio, me comenta que ahora vamos de regreso, yo solamente lo sigo. Cinco minutos después empieza a caminar y me dice: «Ya me cansé, adelántate», pero no le hago caso, empiezo a caminar con él y reanudamos la plática mientras regresamos al pueblo.

Llegando a la casa tengo esa sensación de bienestar que me da correr, entramos a la cocina, es la típica de rancho y tiene una mesa al centro sobre la cual hay una jarra con jugo de naranja, mi papá me ofrece y le digo que sí, entonces saca dos vasos y los llena de agua hasta la mitad y luego de jugo. «No es bueno que tomes puro jugo después de correr porque te puede caer pesado», me advierte y además sugiere que lo beba despacio. Salgo al patio, ahora están ahí todos mis hijos y muchos de mis sobrinos, varios se acercan a saludarme, se están riendo, se ven felices y además quieren mi jugo con agua, antes de que lleguen le doy un trago y luego les doy el vaso. Mientras veo cómo se lo terminan pienso que no tengo planeado dejar de correr, me gusta mucho, aunque espero no volver a hacerlo para tratar de lograr o demostrar algo.

Obviamente mi ego no ha desaparecido, aquí sigue y le encanta sentirse importante, está esperando, por ejemplo, que este libro le guste a mucha gente. Lo que pasa es que ahora que sé que él existe, ya no dejo que me controle tan fácil. Yo no soy él, yo no necesito buscar ni obtener logros extraordinarios para sentirme valioso o feliz. Aunque eso no sólo es cosa mía, si lo piensas bien, yo creo que tú tampoco los necesitas.

Sólo una cosa más. Nico: sabes que fuiste indispensable en esta historia y eres testigo de que todo lo que vivimos y conté aquí es verdad, desde el día en que me devolviste mi pelota cuando éramos niños hasta la noche en que me acompañaste a correr en Huntsville. Pero también sabes que yo te inventé al igual que a Inés y que solamente representaron a algunos de mis amigos cada vez que aparecieron en este relato; lo que no pude lograr, ni utilizando toda mi imaginación, fue expresar a través de ustedes lo importante que es cada uno de ellos para mí. Tengo la fortuna de tener, no a uno, sino a varios Nicos en mi vida.

Del otro lado de la pared
se imprimió en agosto de 2016,
en Acabados Editoriales Tauro, S.A. de C.V.
Margarita 84, Col. Los Ángeles,
Del. Iztapalapa, C.P. 09360, México, D.F.